LE PANTHÉISME

DE M. COUSIN

EXPOSÉ PAR LUI-MÊME;

CONSIDÉRATIONS

TRADUITES DE L'ITALIEN

DE M. V. GIOBERTI,

Par J. B. ANSIAU.

Videte, ne quis vos decipiat per philosophiam.
Col. II, 8.

LOUVAIN,

LIBRAIRIE ANCIENNE ET MODERNE DE J. B. ANSIAU.

1842.

LE

PANTHÉISME

DE M. COUSIN

EXPOSÉ PAR LUI-MÊME;

CONSIDÉRATIONS

TRADUITES DE L'ITALIEN

DE M. V. GIOBERTI

[illegible epigraph]

Cap. II. S.

LOUVAIN,

DE L'IMPRIMERIE DE P. J. PEETERS,
Rue Courte, nᵒ 6.

AVIS.

Ce fragment de philosophie est tiré d'un ouvrage italien : *Considérations sur les Doctrines religieuses de M. Cousin, par V. Gioberti,* imprimé à Bruxelles au commencement de 1840 et faisant partie de *l'Introduction à la philosophie* par le même. Dans ces Considérations M. Gioberti passe en revue les doctrines de M. Cousin, et prouve le texte à la main que le système de ce philosophe n'est pas seulement panthéiste, mais expressément subversif de la révélation et de la foi catholique. Sa critique s'appuie non sur des idées qui lui soient propres, mais sur les principes admis par la plupart des philosophes, qui forment, pour ainsi dire, le sens commun des écoles chrétiennes. Si le Public accueille avec bienveillance ces premières Considérations, nous nous ferons un devoir de traduire également les suivantes.

Dans l'avertissement placé en tête de l'ouvrage, l'auteur fait une protestation que nous croyons devoir reproduire :

« J'ai déjà dit ailleurs et je le répète, qu'en incul-
» pant les opinions de M. Cousin, je n'entends point
» offenser sa personne pour laquelle j'ai toute l'estime
» qui lui est due. Je croirais cette protestation inutile,
» si l'illustre auteur n'était pas en butte depuis plu-
» sieurs années à l'animosité de certaines sectes poli-
» tiques qui, sous prétexte de critiquer le philosophe,
» ne cherchent qu'à déchirer l'homme, à dénigrer et
» avilir le citoyen. Pour en citer un exemple, les arti-
» cles *Conscience* et *Éclectisme*, insérés dans l'*Encyclo-
» pédie nouvelle*, me paraissent empreints de cet esprit.
» Il règne d'ailleurs dans ces articles sous un certain
» charme de style une telle confusion d'idées, une
» telle inexactitude de langage scientifique, une telle
» ignorance des premiers principes de la philosophie
» et si peu d'habileté à traiter ces matières, qu'on
» trouverait étrange une telle réunion de défauts, si
» les exemples n'en étaient point fréquents aujour-
» d'hui. Je rougirais de moi-même, si l'on pouvait
» croire que dans une controverse, dictée par le seul
» amour du vrai, je voulusse en quelque sorte m'as-
» socier ou applaudir par mes paroles à la pétulance
» des mauvais écrivains et à l'injuste partialité des
» hommes de parti. »

SOMMAIRE.

Définitions du panthéisme données par **M. Cousin.** Elles sont inexactes.
En quoi consiste l'essence du panthéisme. Ses différentes formes. Son
origine psychologique. Le panthéisme est un véritable acosmisme substantiel. Passages qui prouvent le panthéisme de **M.** Cousin. On démontre
qu'il ne peut justifier ses expressions en les interprétant dans le sens de la
philosophie orthodoxe. Examen des subterfuges qu'emploie M. Cousin
pour se disculper de l'accusation de panthéisme :

1° *Quand il parle d'une substance unique, il prend le mot de substance
dans le sens platonique.* On prouve par plusieurs passages que, lorsqu'il
affirme l'unité de substance, il emploie ce mot dans le sens le plus général, et qu'ainsi il nie la pluralité de substances, même dans le sens ordinaire du mot.

2° *Il ne dit pas que le monde et l'âme humaine soient des modifications
d'une substance unique.* Il dit la même chose en d'autres termes non
moins clairs ni moins significatifs. Identité de son système avec celui de
Spinosa.

3° *Il appelle le monde et l'âme humaine des phénomènes, en tant qu'ils ne
sont pas des substances dans le sens platonique.* La définition qu'il donne
du phénomène, exclut toute substantialité dans le sens ordinaire du mot.

4° *Il nomme forces et causes le monde et l'âme humaine, et par conséquent il les considère comme des substances.* L'auteur lui-même rejette
cette conséquence.

5° *Il considère l'âme humaine comme une force libre; il la regarde par conséquent comme une substance.* Les premiers principes de l'auteur sont diamétralement opposés à la liberté de l'homme ; donc, ou il se contredit, ce qui arrive souvent aux panthéistes, ou son indéterminisme n'est qu'apparent.

6° *Il affirme la nécessité de la création dans un sens opposé au panthéisme.* On prouve que dans le système de l'auteur la création est phénoménale et nécessaire, et que par conséquent Dieu n'est pas libre. Nombreux extraits de l'auteur dans lesquels il professe expressément ces trois opinions. Notre assertion est ainsi confirmée par la réponse même de l'auteur; car, en voulant démontrer que la création n'est pas nécessaire et que Dieu est libre, il lui arrive de conclure l'opposé de ce qu'il avait entrepris de prouver. Il sort donc de la question, il impute gratuitement à ses adversaires des erreurs dont ils sont exempts, et il répète son erreur au moment même où il s'efforce de se justifier.

7° *En affirmant la nécessité de la création, il ôte à Dieu la liberté réfléchie et non la liberté spontanée.* On examine la doctrine de l'auteur sur ces deux espèces de liberté par rapport à l'âme humaine. La liberté divine n'est point comme la liberté humaine ; idée que nous pouvons nous en former. L'auteur les confond. D'après l'auteur la liberté humaine spontanée et réfléchie n'est pas *libertas a necessitate,* comme parle l'école, mais seulement *libertas a coactione;* elle n'est donc pas une liberté véritable. Après avoir prouvé ce point par un minutieux examen du texte de l'auteur, on conclut qu'il nie la liberté en Dieu et dans l'homme, et qu'il introduit un fatalisme universel. On finit par l'examen de quelques extraits dans lesquels l'auteur établit dans le sens panthéistique l'universalité de l'idée de Dieu.

LE

PANTHÉISME

DE M. COUSIN

EXPOSÉ PAR LUI-MÊME.

Pour montrer que le système de M. Cousin mérite cette qualification, déterminons d'abord en quoi consiste le panthéisme. L'illustre auteur le définit en ces termes : « Le pan-
» théisme est proprement la divinisation du tout, le grand tout
» donné comme Dieu, l'Univers-Dieu de la plupart de mes
» adversaires, de Saint-Simon par exemple. C'est au fond un
» véritable athéisme (1). » Ailleurs il le considère comme une simple forme du sensualisme : « Comme le sensualisme confond
» ailleurs la substance avec la collection des qualités, ici il ne
» reconnaît pas d'autre Dieu que la collection des phénomènes
» de la nature, et l'assemblage des choses de ce monde. De là le
» panthéisme, théodicée nécessaire du paganisme et de la phi-
» losophie sensualiste (2). »

Ces définitions sont inexactes. Le système qu'on y désigne n'est pas, à proprement parler, le panthéisme, mais le naturalisme, c'est-à-dire, un véritable et pur athéisme. L'athée peut donner, s'il le veut, le nom de Dieu à la nature, à l'ensemble des choses sensibles; cependant pour cela il n'est point panthéiste, pas plus que le partisan du polythéisme qui, après avoir divisé l'univers en un nombre infini de forces premières, les

(1) *Fragments phil.*, Paris, 1838, tom. I, p. 18, 19.
(2) *Cours de l'histoire de la phil. du XVIIIe siècle*, leçon 25.

considère comme animées et intelligentes , et leur rend un culte religieux. Ce qui distingue le panthéiste des autres hommes qui ont de fausses idées sur la Divinité, c'est qu'il admet une substance unique. Or on peut s'y prendre de plusieurs manières pour concilier l'unité de substance avec le spectacle varié de l'univers; de là différentes formes de panthéisme, qui peuvent facilement se réduire à trois principales, que je nommerai *émanatistique, idéalistique* et *réalistique.* Je demande pardon au lecteur si, pour être concis et clair en même temps, j'emploie des termes aussi barbares. Le panthéisme *émanatistique* considère le monde comme une génération, c'est-à-dire comme un développement de la substance divine, qui change de formes sans se multiplier; il substitue à l'idée de création non pas une idée véritable, mais une image grossière et contradictoire qu'il emprunte aux choses sensibles. Le panthéisme *idéalistique* refuse absolument toute réalité aux phénomènes; il les regarde comme de simples apparences, et même comme un pur néant; il n'admet qu'une seule réalité, à savoir la substance absolue. Le panthéisme *réalistique* tient le milieu entre les deux autres formes; et bien qu'il admette comme elles une substance unique, il accorde cependant une certaine réalité à la variété des phénomènes, en les considérant non pas comme un développement substantiel de la nature divine, tel que l'entendent grossièrement les émanatistes, mais comme des attributs et des modes immanents ou créés de la substance infinie. Telle est la définition la plus précise que, selon moi, l'on puisse donner des trois formes ordinaires du panthéisme; définition où, à cause des contradictions intrinsèques du système, l'on trouve encore beaucoup d'obscurité, de vague et de confusion; aussi il implique que l'erreur, qui est toujours plus ou moins en contradiction avec elle-même, puisse rivaliser avec la vérité en clarté et en précision.

Les caractères essentiels du panthéisme en général peuvent se réduire à deux : 1° l'unité de substance, 2° l'exclusion de de toute création substantielle; caractères dont le second est évidemment une conséquence nécessaire du premier. Les émanatistes n'admettent qu'un simple développement de la substance unique. Les idéalistes nient toute espèce de production réelle. Parmi les réalistes, quelques-uns rejettent aussi toute espèce de production, en considérant comme éternels les attributs et les modifications du monde ; les autres admettent une création, non point de substances, mais de modifications, c'est-à-dire, de simples phénomènes.

Il résulte de cette analyse, que l'origine psychologique du panthéisme est la confusion de l'idée de substance absolue avec l'idée de substance relative et finie. En effet, en perdant de vue la différence qui existe entre ces deux genres de substance, ou vous niez la substance absolue, et vous tombez dans l'athéisme et dans le naturalisme ; ou vous transportez en elle toutes les entités substantielles, vous niez la réalité et la création des substances multiples et finies, et alors vous êtes panthéiste. M. Cousin a très-bien reconnu cette confusion. « Comme nul » effort, dit-il, ne peut tirer l'absolu et le nécessaire du relatif » et du contingent, de même de la pluralité, ajoutée autant de » fois qu'on voudra à elle-même, nulle généralisation ne tirera » l'unité, mais seulement la totalité. Au fond, le panthéisme » roule sur la confusion de ces deux idées si profondément » distinctes (1). » Cependant cette réflexion ne s'accorde pas avec la définition du panthéisme que nous avons rapportée plus haut. En effet, si le panthéisme naît de la confusion de l'Un avec le multiple, de l'Absolu avec le relatif, il ne peut être uniquement *la déification du Tout* et *de l'ensemble des phénomènes du monde ;* puisque *le Tout* et *les phénomènes* ne sont que le multiple et le relatif, et que leur unité est tout au plus collective. En définissant le vrai sens des mots, il ne faut pas abuser de leur étymologie. Le mot *panthéisme,* d'après son origine, veut dire *déification du Tout ;* mais cela ne suffit pas pour déterminer le sens dans lequel on le prend généralement, si vous n'ajoutez pas que les panthéistes considèrent le tout comme une substance unique. C'est pourquoi le panthéisme est un véritable *acosmisme,* puisque

____

(1) *Nouv. fragm.* Paris, 1828, p. 72.

tous ses partisans nient la réalité du monde comme un ensemble
de substances, et que les idéalistes en particulier la nient même
comme un ensemble de modes effectifs et de phénomènes. Ceux
qui distinguent l'acosmisme du panthéisme ne savent pas ce que
c'est que ce dernier système; ou s'ils le connnaissent, ils en font
profession et croient se justifier de la chose en rejetant le mot
qui l'exprime. Et puisque les idéalistes sont aussi forcés d'admettre le monde phénoménal, quoique destitué de toute réalité,
il s'ensuit que le panthéisme, quelle que soit sa forme, identifie
toujours en quelque sorte Dieu et les apparences du monde.
« Si ces témoignages étaient certains, » dit M. Cousin à propos
de quelques textes anciens sur la doctrine de Xénophane, « ils
» contiendraient l'identité de Dieu et du monde, c'est-à-dire
» le plus mauvais panthéisme (1). » Ce n'est point là le plus
mauvais panthéisme, mais bien l'essence même de tout panthéisme.

L'illustre auteur ayant mal défini le panthéisme, s'étonne
qu'on lui impute ce système. « M'accuser de panthéisme, c'est
» m'accuser de confondre la cause première, absolue, infinie
» avec l'univers, c'est-à-dire avec les deux causes relatives et
» finies du moi et du non-moi, dont les bornes et l'évidente insuf-
» fisance sont le fondement sur lequel je m'élève à Dieu. En
» vérité je ne croyais pas avoir jamais à me défendre d'un pareil
» reproche (2). » Le panthéisme consiste à confondre le monde
avec Dieu, non pas sous tous les rapports, mais comme substance. Donc, si je prouve que M. Cousin regarde le monde
comme substantiellement identique avec Dieu, il sera clair qu'il
est panthéiste. Que l'auteur se serve de l'âme humaine et du
monde pour *s'élever à Dieu,* cela ne contredit point mon assertion, puisqu'il conclut de ces deux substances à Dieu, non
comme de substances finies à une substance infinie, mais comme
de simples phénomènes à une substance unique. Voilà ce que
nous devons prouver, et pour y réussir nous n'avons qu'à laisser

(1) *Nouveaux fragm.,* p. 76.
(2) *Fragm. phil* , tom I, p. 19, 20.

parler M. Cousin lui-même. « La raison n'est pas autre chose
» que l'action des deux grandes lois de la causalité et de la sub-
» stance ; il faut qu'immédiatement la raison rapporte l'action à
» une cause et à une substance intérieure, savoir le moi, la
» sensation à une cause et à une substance extérieure, le non-
» moi ; mais ne pouvant s'y arrêter comme à des causes vrai-
» ment substantielles, tant parce que leur phénoménalité et leur
» contingence manifeste leur ôtent tout caractère absolu et sub-
» stantiel, que parce qu'étant deux, elles se limitent l'une par
» l'autre, et s'excluent ainsi du rang de substance, il faut que
» la raison les rapporte à une cause substantielle unique, au-delà
» de laquelle il n'y a plus rien à chercher relativement à l'exis-
» tence, c'est-à-dire en fait de cause et de substance, car l'exis-
» tence est l'identité des deux. Donc l'existence substantielle et
» causatrice, avec les deux causes ou substances finies dans
» lesquelles elle se développe, est connue en même temps que
» ces deux causes avec les différences qui les séparent, et le lien
» de nature qui les rapproche (1). »

Le style de ce passage manque entièrement d'exactitude scientifique, et la pensée de l'auteur y est exprimée d'une manière
assez vague et indéterminée. Toutefois nous pouvons en déduire :
1° que l'âme et le monde ne sont pas des *causes vraiment substantielles* ; 2° que Dieu est *la cause substantielle unique* ; 3° que
l'âme et le monde sont *le développement* de la substance divine.
Il est bien vrai que l'âme et le monde y sont appelés *causes et
substances finies* ; mais on ne peut prendre ces expressions que
dans un sens impropre, puisque l'auteur les corrige, en disant
que l'âme et le monde, se limitant l'un l'autre, *s'excluent du rang
de substance.* Au reste les passages qui suivent, dissipent entièrement l'obscurité qu'on trouve dans ces paroles.

« Le Dieu de la conscience », ajoute M. Cousin, « n'est pas un
» Dieu abstrait, un roi solitaire, relégué par-delà la création
» sur le trône désert d'une éternité silencieuse et d'une exis-
» tence absolue qui ressemble au néant même de l'existence :

(1) *Fragm. phil.*, tom. I, page 75.

» c'est un Dieu à la fois vrai et réel, à la fois substance et cause,
» toujours substance et toujours cause, n'étant substance qu'en
» tant que cause, et cause qu'en tant que substance, c'est-à-dire
» étant cause absolue, un et plusieurs, éternité et temps, espace
» et nombre, essence et vie, indivisibilité et totalité, principe,
» fin et milieu, au sommet de l'être et à son plus humble degré,
» infini et fini tout ensemble, triple enfin, c'est-à-dire à la fois
» Dieu, nature et humanité. En effet, si Dieu n'est pas tout, il
» n'est rien; s'il est absolument indivisible en soi, il est inac-
» cessible, et par conséquent il est incompréhensible..... Partout
» présent, il revient en quelque sorte à lui-même dans la con-
» science de l'homme, dont il constitue indirectement le méca-
» nisme et la triplicité phénoménale par le reflet de sa propre
» vertu et de la triplicité substantielle dont il est l'identité abso-
» lue (1). »

Il est impossible de faire une profession de panthéisme plus
claire et plus explicite. Ce passage dissipe tout-à-fait les ambi-
guités du premier : cette phrase équivoque, que l'âme et le
monde ne sont pas des *causes proprement substantielles,* est parfaitement éclaircie, puisqu'on affirme que Dieu est tout, c'est-à-
dire l'unique substance, et que, *s'il n'était pas tout, il ne serait
rien.* La multiplicité, la limitation, la mutabilité et les autres
qualités semblables qui, selon la bonne philosophie, différen-
cient entr'elles les substances créées, comme elles les distinguent de la substance absolue, appartiennent, d'après M. Cousin,
à la nature divine, qui, *une et multiple, éternelle et temporaire,
étendue et indivisible, finie et infinie, etc.,* est *tout à la fois nature,
homme et Dieu.* Il est vrai qu'il met une différence entre les
termes de la série contingente, pris comme simples phénomènes,
et ceux de la série nécessaire; mais comme entités substantielles
il les confond et les identifie. Et certes, si vous retranchez du
discours de l'auteur l'unité de substance, ses paroles ne pourront
plus avoir aucun sens, puisque la série contingente, comme phénoménale, étant distincte de la série absolue, la seule manière

(1) *Fragm. phil.,* tom. I, p. 76.

dont elles puissent se réduire à l'unité, est l'identité de substance.

Il explique et éclaircit ailleurs cette même doctrine, en comparant l'esprit divin à celui de l'homme. Dieu est une intelligence, et comme tel il doit posséder toutes les qualités qui sont essentielles à l'intelligence humaine. Or, que trouve-t-on dans l'intelligence de l'homme? « La condition de l'intelligence c'est
» la différence ; et il ne peut y avoir acte de connaissance que là
» où il y a plusieurs termes. L'unité ne suffit pas à la conception,
» la variété y est nécessaire.... L'intelligence sans conscience est
» la possibilité abstraite de l'intelligence, non l'intelligence en
» acte, et la conscience implique la diversité et la différence (1).»
Mais cette propriété de l'intelligence créée peut-on l'attribuer
à Dieu? Assurément oui ; puisque « ce qui était vrai dans la
» raison humainement considérée subsiste dans la raison consi-
» dérée en soi; ce qui faisait le fond de notre raison, fait le fond
» de la raison éternelle, c'est-à-dire, une triplicité qui se résout
» en unité, et une unité qui se développe en triplicité (2). » Ce
n'est point d'une simple analogie qu'il s'agit ici, mais d'une loi
absolue qui gouverne l'intelligence divine et l'intelligence humaine, toutes les intelligences réelles et possibles. « Transportez
» tout ceci de l'intelligence humaine à l'intelligence absolue,
» c'est-à-dire, rapportez les idées à la seule intelligence à laquelle
» elles puissent appartenir, vous avez, si je puis m'exprimer
» ainsi, la vie de l'intelligence absolue, vous avez cette intelli-
» gence avec l'entier développement des éléments qui lui sont
» nécessaires pour être une vraie intelligence : vous avez tous
» les moments dont le rapport et le mouvement constituent la
» réalité de la connaissance (3). » L'auteur ajoute un peu après :
« L'unité de cette triplicité est seule réelle, et en même temps
» cette unité périrait tout entière sans un seul des trois éléments
» qui lui sont nécessaires : ils ont donc tous la même valeur
» logique, et constituent une unité indécomposable. Quelle est

(1) *Introd. à l'histoire de la phil.*, leçon 5.
(2) *Ibid.*
(3) *Ibid.*

» cette unité? L'intelligence divine (1). » Sous le nom de réalité
il entend ici l'entité substantielle qui exclut les phénomènes en
tant que phénomènes ; d'où l'on pourrait conclure que le panthéisme de M. Cousin est le panthéisme idéalistique, conclusion
qui me paraît très-naturelle et conforme aux autres passages de
ses œuvres ; cependant je n'oserais la garantir, parce que la différence qui sépare les formes du panthéisme est si délicate, si
subtile, qu'il faudrait un langage plus précis que celui dont se
sert ordinairement l'écrivain français, pour connaître avec certitude sa pensée sur ce point. Du reste, si l'emploi que fait
M. Cousin du mot *réalité* peut paraître inexact, notre interprétation n'en est pas moins confirmée par les autres passages que
nous avons rapportés et par ceux que nous rapporterons plus
tard. La citation suivante suffira pour ôter tout doute à cet
égard : « L'Être absolu... renfermant dans son sein le moi et le
» non-moi fini, et formant pour ainsi dire le fond identique de
» toute chose, un et plusieurs tout à la fois, un par la substance,
» plusieurs par les phénomènes, s'apparaît à lui-même dans la
» conscience humaine (2). » La réalité est donc la substance
divine qu'on peut distinguer des phénomènes qui ne sont pas
réels, parce qu'ils ne forment pas *l'essence des choses* et ne peuvent subsister par eux-mêmes. Après des paroles aussi claires,
M. Cousin s'écrie : « Est-il permis d'espérer que, puisqu'il n'est
» pas encore question de la nature ni même de l'humanité, on
» voudra bien ne pas traiter la théorie précédente de panthéisme?
» Le panthéisme est aujourd'hui l'épouvantail des imaginations
» faibles (3). » Nous demanderions au contraire, s'il était permis
de l'espérer, que M. Cousin nous montrât le vice de notre interprétation, et la trouvant fondée qu'il répudiât sincèrement les
doctrines et le langage du panthéisme. Certes, si le panthéisme
est l'épouvantail des imaginations faibles, il ne pourra jamais
être la nourriture des esprits solides et forts.

(1) *Introd. à l'histoire de la phil.*, leçon 5.
(2) *Cours de phil. de l'an* 1818, *publié par Garnier*, Paris, 1836,
leçon 6, p. 55.
(3) *Introd.* loc. sup. cit.

Mais notre tâche ne serait pas remplie si nous n'enlevions pas à M. Cousin jusqu'aux subterfuges auxquels il a eu recours, ou dont il pourrait se servir pour affaiblir l'hétérodoxie de ses doctrines. Peut-être dira-t-il qu'en considérant le fini, le multiple, le variable, l'homme, la nature, comme des attributs de Dieu, il croit suivre la doctrine des écrivains orthodoxes, qui affirment que les perfections des choses créées subsistent en Dieu d'une manière éminente et incompréhensible. Mais si c'est là sa véritable opinion, pourquoi ne pas se servir du langage commun? Pourquoi parler à la manière des panthéistes? Pourquoi éviter le moindre mot qui pût rapprocher ses sentiments de ceux des écoles catholiques? Pourquoi induire ses lecteurs dans une erreur inévitable, tandis qu'il lui eût été si facile de les prémunir contre elle? Pourquoi dire que, *si Dieu n'est pas tout, il n'est rien*, qu'il est *le fond de toute chose*, qu'il est en même temps *Dieu, nature, humanité*, et mille autres choses pareilles qu'on peut voir dans les passages cités et dans ceux que je citerai encore? Pouvait-il imaginer un langage plus inexact et plus impropre, s'il ne voulait enseigner que la doctrine commune? Mais il y a plus : loin de se rallier à cette doctrine, M. Cousin l'exclut positivement, non dans une seule proposition, mais dans un grand nombre de passages. Il l'exclut, quand il admet en Dieu une variété distincte de l'unité et en opposition avec elle; en effet selon les catholiques la manière éminente, dont les perfections créées appartiennent à la nature divine, est très-simple et éloignée de toute multiplicité et de toute composition. Si l'on excepte les relations divines, que nous connaissons non par la raison, mais par la foi, tout ce qui est en Dieu est absolument un ; la variété n'y subsiste pas comme variété mais comme unité ; puisque dans la variété il y a des limites, et que les limites dérivent de l'imperfection ; tandis que selon M. Cousin il y a dans l'être absolu une variété effective opposée à l'unité. S'il ne l'entend pas ainsi, tout son discours sur la triplicité divine n'a plus aucun sens. En outre puisqu'il assimile la triplicité de l'intelligence divine à celle de la conscience humaine, cette seconde triplicité étant réelle, la première doit l'être aussi.

Il exclut la doctrine commune, quand il admet l'unité de substance; en effet, s'il n'y a pas d'autre substance que la substance divine, les phénomènes sont des modifications divines, et subsistent en Dieu formellement et non éminemment. Il l'exclut enfin de la manière la plus explicite dans tous les passages où il considère, comme faisant parties de Dieu, l'homme et le monde considérés dans leur état concret et réel. De ces passages je ne rapporterai qu'un seul qui me parait décisif.

L'auteur, soumettant à son examen la célèbre trinité des Alexandrins, s'écrie : «Voilà, messieurs, la trinité alexandrine,
» Dieu en soi, Dieu comme intelligence, Dieu comme puissance.
» On ne voit pas facilement ce qui manque à cette théodicée;
» cependant elle renferme dans son sein une erreur fondamen-
» tale. » Cette erreur serait-elle peut-être le panthéisme si connu de Plotin et de ses disciples? Gardez-vous de le penser; car les Alexandrins au contraire n'ont point compris cette trinité, parce qu'ils n'étaient pas assez panthéistes. En voici la preuve : «Dieu
» comme intelligence admet en soi une division; car on ne se
» connait qu'en se prenant comme objet de sa propre connais-
» sance; et l'attribut de l'intelligence introduit nécessairement
» dans l'essence de l'unité divine la dualité, condition de la
» pensée, caractère de la conscience. Ou il faut se résigner à un
» Dieu sans conscience, ou il faut consentir à la dualité dans
» l'unité primitive. Il y a plus : Dieu n'est puissance, puissance
» productive, qu'à la condition de produire indéfiniment ; la
» puissance introduit donc encore dans l'agent qui la possède et
» l'exerce, la multiplicité indéfinie. Mais le Dieu d'Alexandrie
» avait été posé d'abord comme l'unité absolue. Quand donc la
» philosophie d'Alexandrie lui ajoute sagement l'intelligence et
» la puissance, elle ajoute la dualité et la multiplicité à l'unité.
» Je le répète, la pensée et la puissance engendrent nécessaire-
» ment la dualité et la multiplicité. » C'est la répétition de la doctrine déjà exposée dans les passages cités plus haut; mais ici l'énoncé de l'auteur facilite d'autant mieux le but que nous nous proposons, qu'il l'émet pour défendre et justifier le panthéisme des néoplatoniciens. Poursuivons cependant la lecture du texte :

jusqu'ici M. Cousin a trouvé la doctrine de l'école d'Alexandrie irrépréhensible. « Or voici le principe de toute erreur dans l'é-
» cole d'Alexandrie : selon elle, la multiplicité, la diversité et la
» dualité qui commence la diversité, est inférieure à l'unité
» absolue : d'où il suit que Dieu comme être pur, comme sub-
» stance, est supérieur à Dieu comme cause, comme intelligence
» et comme puissance; d'où il suit, en général, que la puissance
» et l'action, l'intelligence et la pensée, sont inférieures à l'exis-
» tence en soi, à l'unité absolue. Là est le principe de toute erreur,
» le principe qui, dans ses conséquences, a entraîné toutes les
» aberrations de l'école d'Alexandrie. Non, messieurs, il n'est
» pas vrai que l'unité soit supérieure à la dualité et à la multi-
» plicité, quand la multiplicité et la dualité dérivent de l'unité
» et s'y rattachent. Car qu'est-ce que la dualité et la multiplicité
» produites par l'unité, sinon la manifestation de l'unité? Une
» unité qui ne se développerait pas en dualité et en multiplicité
» ne serait qu'une unité abstraite. Ou l'unité est purement
» abstraite, et elle est comme si elle n'était pas; ou elle est réelle,
» et elle ne peut pas ne pas se développer en dualité et en mul-
» tiplicité. Si Dieu n'est que l'être en soi, il est comme s'il n'était
» pas; et s'il est réellement, s'il est à la fois et comme substance
» et comme cause, comme essence à la fois, et comme intelli-
» gence et puissance, il ne peut pas ne pas se développer : or
» tout développement sort de l'unité; mais il ne la dissout pas,
» il la manifeste (1). »

Je ne remarque point pour le moment dans ces paroles ce que l'auteur y affirme touchant la nécessité de la création; j'en par-lerai bientôt. Il me suffit de faire observer que la multiplicité des choses du monde y est représentée comme *un développement de l'unité divine* (cette phrase seule est pleine de panthéisme), et, que M. Cousin gourmande l'école d'Alexandrie de ce qu'elle a jugé la multiplicité inférieure à l'unité. D'où il suit que, selon M. Cousin, la variété des phénomènes est égale en excellence à l'unité-divine, puisque la substance de ceux-là est identique à la

______

(1) *Cours de l'hist. de la phil.*, leçon 8.

2

substance de celle-ci. Donc ce n'est pas d'une manière éminente seulement que la variété existe dans l'unité divine, puisqu'elle est un développement et une production nécessaire de l'unité. Donc ce mode éminent, dont les créatures existent dans le Créateur selon les catholiques, ne suffit pas pour sauver l'essence divine, vu qu'elle *ne serait pas réelle, qu'elle serait comme si elle n'était pas,* si par son action émanative et productrice de phénomènes elle ne s'épanchait pas au-dehors dans une variété infinie.

Mais s'il pouvait rester encore quelque doute, que cette variété, qui lutte de perfection avec l'unité divine, soit le monde phénoménal lui-même dans son état concret, M. Cousin l'enlève dans la suite de son discours. « Savez-vous quelle est la consé-
» quence immédiate de l'erreur que je viens de vous signaler,
» et qui se retrouvera plus d'une fois sur notre route? L'intelli-
» gence et la puissance engendrant la dualité et la diversité sont
» déclarées inférieures à l'être en soi. Or qu'est-ce que le monde?
» Le monde des Alexandrins n'est pas une simple formation,
» comme le monde du stoïcisme; c'est une vraie création, une
» création de Dieu. » (Que les mots de *création* et de *créer* ne donnent pas ici le change au lecteur, car dans une exposition du panthéisme alexandrin ces mots ne peuvent signifier autre chose qu'une émanation ou une production de simples modes ou de phénomènes). « Donc le monde des Alexandrins est plein d'in-
» telligence et de vie; il est beau, harmonieux, immortel, comme
» celui qui l'a fait. Mais en même temps il est clair qu'il est plein
» de diversité et de multiplicité; il est donc au-dessous de l'unité.
» Donc le monde tout beau et harmonieux qu'il est, est un
» développement inférieur à son principe; le monde, la création
» est une chute. Si les Alexandrins eussent été conséquents, ils
» eussent été jusqu'à dire que Dieu eût mieux fait de ne pas créer
» le monde; alors il leur eût fallu accuser Dieu et sa nature, car
» nous avons vu que cette nature est précisément telle, qu'étant
» intelligence et puissance aussi bien qu'unité et cause, aussi
» bien que substance, elle ne pouvait ne pas projeter hors
» d'elle-même la variété et le monde. Jugez donc quelle absur-
» dité d'attaquer l'optimisme alexandrin comme excessif et trop

» absolu; je lui reprocherai au contraire d'être si imparfait, qu'à
» la rigueur, selon moi, il se résout en pessimisme. Car si le
» monde, comme venant de Dieu, est bien fait, c'est une chute
» pourtant, selon les Alexandrins; d'où il suit qu'il eût mieux
» été qu'il ne fût pas du tout, et certes ce n'est pas le véritable
» optimisme; mais pour arriver à celui-là, il fallait à la philoso-
» phie le christianisme, dix-sept siècles et Leibnitz (1). » Nous
ne voulons pas faire ressortir ici les inexactitudes historiques;
nous laissons l'optimisme leibnitzien et, ce qui est plus mauvais
encore, le christianisme cité dans ce passage, comme si le
Christ avait été complice du panthéisme; mais qui ne voit pas
que, si les néoplatoniciens ont erré, selon les canons de la doctrine panthéistique, en disant que la création est une chute,
c'est parce que le monde est l'égal de Dieu? Et ici, il ne s'agit
point d'un monde virtuel, mais du monde réel; c'est le monde
phénoménal émané de la cause première, ou produit par elle,
que les Alexandrins ont eu le tort de croire moins beau et moins
parfait que son auteur. Donc le monde c'est Dieu; et la déification substantielle du monde qu'est-ce, sinon le panthéisme?

La justification que nous avons mise dans la bouche de M. Cousin, et dont nous avons fait voir la futilité, est une supposition
de notre part; mais, celle qui suit appartient en propre à l'auteur. Comme l'unité de substance est la base du panthéisme,
M. Cousin a bien vu que, pour se laver de cette tache, il avait
à prouver qu'il n'avait jamais révoqué en doute la multiplicité
de substances. Voici de quelle manière il se défend dans la dernière édition de ses fragments. « Je ne veux pas poser la plume, »
dit-il, « sans répondre encore brièvement à des attaques d'une
» tout autre nature, dont la persistance, malgré toutes mes
» explications, me prouve qu'il peut y avoir quelque chose à
» changer au moins dans l'expression de ma pensée. » Cet aveu,
ces modestes avances font honneur à M. Cousin; espérons qu'il
n'en restera pas là, et qu'il avouera que l'erreur ne consiste pas
dans les phrases, mais dans le fond des doctrines. « Je veux

____

(1) *Cours de l'hist. de la phil.*, leçon 8.

» parler de cette vague accusation de panthéisme, que j'ai sou-
» vent confonduc, et avec laquelle j'en veux finir. » Tout mon
désir serait d'essuyer cette confusion, parce qu'elle prouverait
que je me suis trompé, et que parmi les hommes de cœur et de
talent le panthéisme compte un partisan de moins que je ne
croyais; et alors je regarderais ma défaite comme une victoire.
Que si M. Cousin aime mieux me confondre par son silence, la
discussion en finira d'autant plus vite. « Cette accusation se fonde
» sur les deux propositions suivantes, que l'on m'attribue : 1° Il
» y a une seule et unique substance, dont le moi et le non-moi
» ne sont que des modifications; 2° la création du monde est
» nécessaire. Or je déclare rejeter absolument et sans réserve ces
» deux propositions, au sens faux et dangereux qu'il a plu de
» leur donner (1). » Tout lecteur sensé serait satisfait de cette
protestation, si elle n'était pas écrite à la tête d'un livre où l'on
enseigne expressément le contraire. Si l'illustre auteur avoue
*qu'il peut y avoir au moins quelque chose à changer dans l'expres-
sion de ses pensées,* pourquoi ne pas revoir et corriger son livre
avant de le réimprimer? Pourquoi y laisser subsister tant de
phrases propres à égarer le lecteur, surtout comme il s'agit d'un
livre destiné à la jeunesse française? L'usage défend-il à un
auteur, qui réimprime ses ouvrages, de les améliorer et de les
corriger? Et s'il est louable de faire cette révision dans des
choses de moindre importance, dans la langue, dans le style,
n'est-ce pas un devoir sacré, quand il s'agit des matières les plus
graves et les plus saintes, telles que la philosophie, la morale
et la religion?

Mais voyons si les raisons alléguées par M. Cousin et l'interprétation qu'il donne à ses paroles, et par laquelle il cherche à
échapper à cette double accusation, sont bonnes et plausibles.
Commençons par la première. « Dans les rares endroits où j'ai
» parlé de la substance unique, il faut entendre ce mot de sub-
» stance, non dans son acception ordinaire, mais comme l'ont
» entendu Platon, les plus illustres docteurs de l'Église et la

____

(1) *Fragm. phil.*, tom. I, p. xix.

» sainte Écriture dans la grande parole : *Je suis celui qui suis* (1). »
Je n'ai point l'intention d'entrer dans des questions d'histoire
philosophique, ni d'examiner si Platon a réellement tenu le langage que M. Cousin lui attribue. Quant aux *illustres docteurs de
l'Église*, il serait curieux de connaître leurs noms et de lire les
passages de leurs écrits qui ont rapport à notre sujet. Mais je suis
porté à croire que l'auteur en les lisant a pris le mot *être* comme
synonyme de *substance*, selon qu'il lui arrive en interprétant le
passage de l'Exode, où bien certainement il s'agit d'autre chose.
Or il y a une grande différence entre ces deux mots et entre les
idées qu'ils représentent. Quant à lui, il assure que, s'il a parlé
de la substance unique, s'il s'est servi du mot de substance dans
le sens de Platon, ce n'est que dans de *rares endroits*. Mais les
passages que nous avons rapportés, et ceux que nous rapporterons encore, ne sont pas en petit nombre ; ils sont au contraire
plus nombreux que ceux dans lesquels on pourrait croire qu'il a
pris ce mot dans le sens ordinaire ; il prend donc ici l'exception
pour la généralité. « Évidemment » poursuit-il, « il est alors ques-
» tion de la substance qui existe d'une existence absolue et éter-
» nelle ; et il est bien certain qu'il n'y a et ne peut y avoir qu'une
» seule substance de cette nature (2). » Ce n'est point pour avoir
parlé de la substance absolue comme d'une substance unique
que M. Cousin est tombé dans l'erreur, mais pour avoir dit et
répété de cent manières que en-dehors de la substance absolue
et unique il n'y a point de substances ; pour avoir dit et répété
que l'idée de substance, prise d'une manière générale, exclut
essentiellement la multiplicité. Si dans tous ces passages il avait
pris le mot de substance dans le sens qu'il appelle platonicien, et
non généralement, ses paroles se réduiraient à celles-ci : *Hors
de la substance absolue et unique il n'y a point d'autres substances
absolues et uniques ;* mais qui pourrait croire notre auteur capable
de raisonner de cette manière ? Donc, en affirmant que, hors
de la substance absolue et unique, il n'y a point de substance,

(1) *Fragm. phil.*, tom. I, p. xix, xx.
(2) *Ibid.*

il prend ce mot dans le sens ordinaire, et son assertion est évidemment panthéistique.

Si M. Cousin s'était réellement servi de la manière de parler qu'il s'attribue, on pourrait toujours l'accuser d'avoir employé des termes fort impropres. Un auteur qui emploie un mot dans deux sens différents, opposés même, doit, pour faire cesser tout équivoque, en prévenir expressément ses lecteurs. Or dans tous les ouvrages de M. Cousin rien ne donne à entendre qu'il emploie ainsi le mot de substance ; il s'en sert toujours comme d'un terme qui exprime une idée invariable. Il y a même plus : il dit expressément que l'idée de substance est une, et il exclut dans des termes encore plus clairs et plus précis toute autre signification de ce mot. Cette exclusion de tout autre sens se trouve déjà exprimée dans quelques-unes des citations qui précèdent ; mais il y a d'autres passages plus positifs encore, dans lesquels l'auteur ne pouvait s'énoncer mieux pour renverser sa propre justification. En voici quelques-uns que je prends au hasard ; car ils sont nombreux, et, pour combattre M. Cousin avec ses propres paroles, je n'ai que l'embarras du choix. « Parmi les lois » de la pensée données par la psychologie, les deux lois fonda- » mentales, qui contiennent toutes les autres, la loi de causalité » et la loi de substance, irrésistiblement appliquées à elles-mêmes, » nous élèvent directement à leur cause et à leur substance ; et » comme elles sont absolues, elles nous élèvent à une cause » absolue et à une substance absolue (1). » Le mot de *substance* est pris ici dans son acception la plus universelle, puisqu'on l'emploie comme signifiant le principe de substance. Le principe de substance, qu'on peut exprimer en ces termes : *les qualités ne peuvent exister sans une substance*, est, selon M. Cousin, un des principes fondamentaux de la raison humaine ; doctrine qu'il répète dans presque tous ses ouvrages. Or dans cet axiome le mot substance se prend dans le sens le plus général ; car autrement le principe n'existerait point, et l'esprit humain ne pourrait conclure des modifications des choses à une réalité substantielle.

(1) *Fragm. phil.*, tom. I, p. 63.

Il s'agit donc de voir si la substance, prise dans la signification du principe de substance, est différente ou non de la substance employée dans le sens que l'illustre auteur appelle platonicien ; car, si elle ne diffère point, la substance générique est la substance absolue, et le panthéisme est inévitable. Dans un des premiers cours de M. Cousin, que vient de publier un de ses disciples, le principe de substance est évidemment pris dans le sens panthéistique (1); et quoique cette publication puisse faire autorité, puisque le professeur lui-même l'a approuvée, je préfère cependant m'appuyer sur les paroles émanées immédiatement de lui. Poursuivons donc la lecture du susdit passage des fragments : « Une substance absolue doit être unique pour être
» absolue ; deux absolus sont contradictoires, et l'absolue sub-
» stance est une ou n'est pas. On peut même dire que toute sub-
» stance est absolue en tant que substance, et par conséquent
» une ; car des substances relatives détruisent l'idée même de
» substance, et des substances finies, qui supposent au-delà
» d'elles une substance encore à laquelle elles se rattachent, res-
» semblent fort à des phénomènes. L'unité de la substance dérive
» donc de l'idée même de la substance, laquelle dérive de la loi
» de substance (2). » Sur ce passage je raisonne ainsi : L'idée de la substance unique, l'idée de la substance qui est détruite par la supposition de substances relatives, est identique, selon l'illustre auteur, avec l'idée qui constitue le principe de substance. Or l'idée qui constitue ce principe, est l'idée de la substance générique, de la substance en général. Donc l'idée de la substance unique est identique avec l'idée de substance en général, et par conséquent il n'existe aucune substance en-dehors de la substance unique. Que l'idée constitutive du principe de substance soit l'idée de substance en général, cela paraît évident, parce que dans le cas contraire on ne pourrait se servir, selon l'usage de tous les philosophes et particulièrement de M. Cousin, du même principe pour déduire de l'existence des qualités d'un objet sa réalité substantielle.

(1) *Cours de phil. de* 1818, *publié par Garnier*, leçon 6, p. 49-57.
(2) *Fragm. phil.*, tom. I, p. 63.

Le passage que nous venons de citer n'offre que deux phrases
qui puissent faire naître quelque difficulté. L'auteur s'exprime
ainsi : *On peut même dire, que toute substance est absolue en tant
que substance. Des substances finies*, ajoute-t-il, *ressemblent fort
à des phénomènes.* Ces paroles apportent quelque tempérament à
l'énoncé de l'auteur, et paraissent lui ôter cette signification absolue et précise que nous voulons lui donner. Mais qui ne voit pas
que ce n'est qu'une adresse de l'écrivain, qui cherche à adoucir
ce qu'il y a de trop cru dans le panthéisme qu'il professe? Je ne
crois pas calomnier l'illustre auteur ; car le panthéisme résulte
si évidemment d'un grand nombre de points fondamentaux
de sa doctrine qu'il serait ridicule de le révoquer en doute
à cause de quelques phrases bien rares et bien courtes.
Vous ne rencontrerez point de partisan d'une erreur quelconque
qui ne cherche à voiler en quelque sorte aux yeux d'autrui et
même à ses propres yeux l'absurdité de ses doctrines. Mais voulez-
vous une règle infaillible pour distinguer les tempéraments de
bonne foi qu'un auteur apporte à ses pensées, des artifices oratoires qu'il emploie? Demandez lui qu'il vous dise en termes
précis, quelle est la modification qu'il apporte à sa doctrine ; qu'il
vous dise, pourquoi telle chose n'est pas telle autre, quoiqu'elle
lui ressemble, pourquoi l'on peut dire ceci dans un certain sens
et non pas d'une manière absolue. Si l'auteur est embarrassé à
vous répondre d'une manière précise, sans se mettre en contradiction avec lui-même, gardez-vous bien de vous laisser prendre
comme un enfant aux subtilités oratoires qu'il emploie.

M. Cousin se prive d'ailleurs lui-même de ce faible appui, et
déclare sa pensée d'une façon si franche qu'il ferait perdre à ses
plus hardis partisans le courage de le défendre. « Dans tout objet
» il y a du phénomène, si dans tout objet il y a de l'individuel,
» du variable, du non-essentiel, car toutes ces idées équivalent
» à celle de phénomène; et dans tout objet il y a de la substance,
» s'il y a de l'essentiel et de l'absolu, l'absolu étant ce qui se
» suffit à soi-même, c'est-à-dire équivalent à la substance. Je ne
» veux pas dire que tout objet ait sa substance propre, indivi-
» duelle ; car je dirais une absurdité, substantialité et individua-

» lité étant des notions contradictoires. L'idée d'attacher une
» substance à chaque objet, conduisant à une multitude infinie
» de substances, détruit l'idée même de substance ; car la sub-
» stance étant ce au-delà de quoi il est impossible de rien conce-
» voir relativement à l'existence, doit être unique pour être
» substance. Il est trop clair que des milliers de substances qui
» se limitent nécessairement l'une l'autre ne se suffisent point à
» elles-mêmes, et n'ont rien d'absolu et de substantiel. Or ce qui
» est vrai de mille, est vrai de deux. Je sais que l'on distingue
» les substances finies de la substance infinie ; mais des substan-
» ces finies me paraissent fort ressembler à des phénomènes, le
» phénomène étant ce qui suppose nécessairement quelque chose
» au-delà de soi, relativement à l'existence. Chaque objet n'est
» donc pas une substance ; mais il y a de la substance dans tout
» objet, car tout ce qui est ne peut être que par son rapport à
» *celui qui est celui qui est,* à celui qui est l'existence, la substance
» absolue. C'est là que chaque chose trouve sa substance ; c'est
» par là que chaque chose est substantiellement ; c'est ce rapport
» à la substance qui constitue l'essence de chaque chose. Voilà
» pourquoi l'essence de chaque chose ne peut être détruite par
» aucun effort humain, ni même supposée détruite par la pensée
» de l'homme ; car, pour la détruire, il faudrait détruire ou sup-
» poser détruit l'indestructible, l'être absolu qui la constitue.
» Mais si chaque chose a de l'absolu et de l'éternel par son rap-
» port à la substance éternelle et absolue, elle est périssable et
» changeante, elle change et périt à tout moment par son indi-
» vidualité, c'est-à-dire par sa partie phénoménale, laquelle est
» dans un flux et un reflux perpétuel. D'où il suit que l'essence
» des choses ou leur partie générale est ce qu'il y a de plus réel
» et de plus caché, et que leur partie individuelle où paraît
» triompher leur réalité, est ce qu'il y a véritablement de plus
» apparent et de moins réel (1). »

L'illustre auteur confond ici trois choses bien distinctes, savoir
l'Être absolu, l'idée des substances créées et l'existence de ces

____

(1) *Fragm. phil.*, tom. I, p. 348, 349, 350.

substances. Selon lui l'Être en qui tout existe, l'idée éternelle des existences, et les existences mêmes, sont une seule chose. La vraie philosophie nous enseigne que l'Être est intimement présent dans toutes les choses, puisqu'il les crée continuellement; que les idées éternelles et archétypes des objets créés ou possibles subsistent dans l'Être absolu; mais que les copies de ces idées, c'est-à-dire les substances créées avec toutes leurs modifications, quoique inséparables de l'Être et des idées, en tant qu'elles ne peuvent exister sans eux, ne sont pas ces idées ni cet Être. Si l'on rejette cette distinction, en confondant les substances existantes avec leur idée éternelle et avec l'Être qui les conçoit et les produit, on aboutit de toute nécessité au panthéisme. Telle est cependant la doctrine de M. Cousin dans le passage cité. S'il y répète que les substances finies lui paraissent *fort ressembler à des phénomènes,* cette phrase *ad hominem,* dirigée contre qui n'est pas panthéiste, ne doit aucunement embarrasser le lecteur qui a sous les yeux le texte entier; il y est dit clairement qu'admettre plusieurs substances est *une absurdité,* que *la substantialité et l'individualité sont des notions contradictoires,* que *la multiplicité des substances détruit l'idée même de substance.* On objectera peut-être qu'il n'est parlé ici de la substance que dans le sens attribué à Platon? Mais dans ce cas l'individu opposé à la substance devrait, selon sa signification ordinaire, correspondre à la substance. Or cela n'est pas ni ne peut être, parce que l'individualité des choses est *phénomènale,* continuellement *variable,* sujette à *un flux et un reflux perpétuel.* Donc ce qu'on y nomme individualité des choses n'est point leur substantialité finie, bornée, mais l'ensemble de leurs propriétés extrinsèques, sujet à une vicissitude perpétuelle; leur substantialité ne peut être autre chose que la substance même de l'Être absolu. La seule substance réelle est *ce au-delà de quoi il est impossible de rien concevoir relativement à l'existence;* et par conséquent la substance multiple et finie, la substance dans le sens ordinaire des philosophes, est une absurdité, une contradiction.

Si ces paroles ne vous paraissent pas encore assez claires ni assez décisives, et que vous vouliez quelque chose de plus net,

M. Cousin ne refusera pas de se rendre à votre désir, bien que vous soyez par trop exigeant. Dans le programme d'un cours sur les vérités absolue, programme qui est un tissu de formules concises et scientifiques, et dans lequel il est à croire que l'auteur s'est étudié à exposer sa pensée de la manière la plus précise, il établit le principe de substance, en s'exprimant dans ces termes : « Toute qualité suppose un être en qui elle réside, un » sujet, une substance (1). » Remarquez bien qu'on parle ici de la substance en général, et par conséquent aussi de la substantialité propre des choses créées, comme l'entendent communément les philosophes. Cela posé, l'auteur prouve que toute vérité doit résider dans un être, et les vérités absolues dans une substance de la même nature, c'est-à-dire absolue (2). « Or si cette substance » est absolue, elle est unique : car si elle n'est pas la substance » unique, on peut chercher encore quelque chose au-delà relati- » vement à l'existence ; et alors il s'ensuit qu'elle n'est plus qu'un » phénomène relativement à ce nouvel être ; qui, s'il laissait » encore soupçonner quelque chose au-delà de soi relativement » à l'existence, perdrait aussi par là sa nature d'être et ne serait » plus qu'un phénomène : le cercle est infini (3). » On ne dit plus ici que les substances finies *ressemblent fort à des phéno-* *mènes ;* mais on assure dans des termes plus précis encore que toute substance relative *ne serait qu'un phénomène.* « Point de » de substance, ou une seule. Définition de la substance : *Ce qui* » *ne suppose rien au-delà de soi relativement à l'existence* (4). » La substance *unique,* la substance *qui ne suppose rien au-delà d'elle-* *même relativement à l'existence,* est celle-là même dont il est question et sur laquelle on établit le principe de substance. Or la substance, dont on parle dans ce principe, est la substance en général, la seule substance dont l'esprit humain puisse se faire une idée. Donc la seule substance qu'on puisse admettre est la substance unique et absolue, dans le sens de Platon. « L'unité » de la substance dérive donc de l'idée d'une substance absolue,

(1) *Fragm. phil.*, tom. I, p. 307.
(2) *Ibid.*, p. 312.
(3) *Ibid.*
(4) *Ibid.*

» laquelle est renfermée dans l'idée même de substance (1). » Or l'idée de substance n'est pas l'idée d'une espèce particulière de substances, mais de la substance en général ; et comme elle nous représente une substance absolue et unique, il s'ensuit que l'idée des substances relatives et multiples n'a aucun fondement, n'est qu'un mot, ou une chimère créée par l'imagination. Que M. Cousin vienne maintenant nous alléguer les *rares endroits* dans lesquels il parle de la substance unique et absolue, sans exclure la catégorie des substances particulières !

Poursuivons l'examen de la justification de M. Cousin. « Jamais » je n'ai dit, ni pu dire, que le moi et le non-moi ne sont que » des modifications d'une substance unique. » Il s'agit ici non des paroles, mais des idées de l'auteur ; s'il n'a point dit que l'âme et le monde sont des modifications de Dieu, il a dit plusieurs fois qu'ils sont Dieu, que Dieu est tout, que Dieu est la substance ou la substantialité de toutes choses, que la substance est unique, et maintes autres choses semblables, comme nous l'avons déjà vu. « J'ai dit cent fois le contraire (2). » Je ne me rappelle pas de l'avoir lu une seule fois dans les œuvres de M. Cousin ; mais je ne veux point affirmer que cela ne s'y trouve point. Il se peut très-bien que M. Cousin ait répudié une manière de parler qu'il sait être familière aux spinosistes, car il proteste ne point adhérer à Spinosa ; à moins qu'il ne soit beaucoup plus spinosiste qu'il ne croit, puisque l'essence de ce système et de toute autre doctrine panthéistique consiste à admettre l'unité de substance. Il importe peu, quand on a embrassé cette erreur capitale, de se servir ou de ne pas se servir du mot *modification* pour exprimer les phénomènes. D'ailleurs il n'est pas étonnant que M. Cousin se croie étranger au spinosisme, puisque nous avons vu qu'il a une idée peu exacte de ce système (3). Il dit même dans le passage où il veut se débarrasser de l'imputation de panthéisme, que « le Dieu de Spinosa... est une pure substance

(1) *Fragm. phil.*, tom. I, p. 313.

(2) *Ibid.* tom. I, p. xx.

(3) **Dans les notes** ajoutées au premier chapitre du premier livre de l'*Introduction*.

» et non pas une cause. La substance de Spinosa a des attributs
» plutôt que des effets. Dans le système de Spinosa, la création
» est impossible; dans le mien elle est nécessaire (1). » Le Dieu
de Spinosa n'est certainement pas une cause créatrice de substances, ni même d'attributs, mais une cause créatrice de modifications, comme le Dieu de M. Cousin est une cause créatrice
de simples phénomènes. Le Dieu de Spinosa n'est pas une cause
libre; mais celui de M. Cousin, comme nous le verrons bientôt,
n'est libre qu'en apparence, et obéit en effet à une invincible
nécessité. La création des substances est également impossible
dans les deux systèmes; et si M. Cousin regarde comme nécessaire la création des phénomènes, Spinosa regarde comme également nécessaire celle des modifications. On voit donc qu'il n'y
a pas de différence réelle entre les deux panthéismes; la différence n'est que dans les mots, ou se rapporte à des points secon-
daires d'ontologie; et certainement l'avantage de la bonne logique
n'appartient pas à la plus récente des deux doctrines.

« Si j'ai souvent désigné le moi et le non-moi par le mot de
» phénomènes, c'est par opposition à celui de substance, entendu
» au sens platonicien, et réservé à Dieu; et je ne conçois pas
» pourquoi de cette opposition, qui n'est pas contestée, on a
» voulu conclure qu'à mes yeux ces phénomènes n'existaient pas
» réellement à leur manière, et avec l'indépendance limitée qui
» leur appartient (2)? » Mais lorsque M. Cousin fait consister les
phénomènes dans cette partie des objets qui est continuellement
variable, qui est, dans un flux et un reflux perpétuel, comme nous
l'avons vu, il ne parle certainement pas de leur substantialité,
de ce qui leur est intime, mais bien de leur dehors, de leurs
propriétés extrinsèques et sensibles; et ce sont là précisément
les modifications de Spinosa, changeantes comme eux et s'évanouissant comme eux. « Le moi et le non-moi, dit-il encore dans
» un autre endroit, tout en étant substantiels par leur rapport à
» la substance, sont en eux-mêmes de simples phénomènes,

____

(1) *Fragm. phil.*, tom. I, p. xx.
(2) *Ibid.*

» modifiables comme des phénomènes, limités comme des phé-
» nomènes, s'évanouissant et reparaissant comme des phéno-
» mènes (1). » Peut-on parler d'une manière plus claire? Quel
philosophe a jamais eu la pensée de dire, que les substances
spirituelles et matérielles, quoique créées, *s'évanouissent et
reparaissent de nouveau?* Ce changement continuel, déjà remarqué par Héraclite, n'appartient qu'à la forme extérieure des choses, à leurs modifications, et c'est bien ce que l'on entend sous
le nom d'apparences et de phénomènes.

« Comment aurais-je pu faire du moi et du non-moi de simples
» modifications d'un autre être, quand j'établis partout que ce
» sont des causes, des forces, au sens de Leibnitz, et quand toute
» ma philosophie morale et politique repose sur la notion du
» moi, considéré comme une force essentiellement douée de
» liberté? Enfin, après avoir si souvent démontré avec Leibnitz
» et M. de Biran que la notion de cause est le fondement de celle
» de substance, pouvais-je croire qu'il me fût nécessaire de dé-
» clarer que le moi et le non-moi étant des causes et des forces,
» sont des substances, et si on veut des substances finies, dès
» qu'on cesse de prendre le mot d'être et de substance dans la
» haute acception que j'ai tout à l'heure rappelée (2)? » La notion
de force et de cause suppose deux choses, une substantialité
active et un ensemble de propriétés et de modes qui lui donnent
une certaine détermination. Le panthéiste regarde volontiers
l'homme et les existences de ce monde comme des forces et des
causes; mais il distingue leur substantialité active et cachée des
modifications phénoménales, et il attribue la première à la substance unique, et considère les dernières comme créées et produites. Que de fois n'avons-nous pas entendu de la bouche de
M. Cousin que l'âme et le monde sont, par rapport à leur substantialité, l'Être absolu lui-même? qu'ils ne sont distingués
entr'eux et de l'Être absolu que comme simples phénomènes?
Mais, dit-il, j'assigne à l'âme humaine la liberté comme sa dot;

(1) *Introd. à l'hist. de la phil.*, leçon 5.
(2) *Fragm. phil.*, tom. **I**, p. xx, xxi.

donc je la regarde comme une substance distincte. D'abord, cela
ne prouverait qu'une heureuse contradiction de sa part, et ce ne
serait pas la seule qu'on rencontre dans son système. Il n'est pas
non plus le premier philosophe qui cherche à concilier le libre
arbitre avec le panthéisme. Les panthéistes modernes de l'Alle-
magne jouissent certainement d'une bien grande renommée, et
cependant tous ou du moins la plupart d'entr'eux admettent la
liberté. Heureusement il en est peu qui aient l'intrépide logique
de Spinosa, et qui ne reculent point devant un fatalisme universel. En second lieu je demanderai à M. Cousin s'il est vraiment
indéterministe? En paroles, cela est certain; mais il s'agit de
savoir s'il l'est en effet et d'accord avec les principes de sa doctrine. Or quant à Dieu il n'est point indéterministe, comme nous
le verrons bientôt. Reste donc à savoir s'il l'est par rapport à
l'homme. Mais comment concilier la liberté de l'homme avec le
fatalisme historique qu'il établit dans son Introduction à l'étude
de la philosophie (1)? « Si la Providence n'a pas seulement per-
» mis, si elle a ordonné (car la nécessité est le caractère propre
» et essentiel qui partout la manifeste) que l'humanité eût un
» développement régulier (2), » comment peut-on regarder comme
libres les actions individuelles dont se compose l'histoire et le
progrès du genre humain? Je sais bien que, selon les principes
du véritable théisme, la direction divine des actions humaines
et le règne de la Providence sur la terre s'accordent parfaitement
avec la liberté de l'homme. Je sais que, pour sauver le libre
arbitre de l'homme, M. Cousin embrasse ce sentiment, et qu'il
désapprouve l'opinion vulgaire qui confond la nécessité de l'histoire avec le destin de la nature (3). Mais ce qui est plausible
selon les principes du théisme, devient absurde dans ceux du
panthéisme; parce que, si Dieu n'est pas libre (et il ne l'est pas
selon les panthéistes et selon M. Cousin), comment l'homme
pourrait-il l'être? L'acte libre étant une opération de la substance
active, et la substantialité de l'âme humaine, suivant les pan-

(1) Voyez entre autres la leçon 7 et les suivantes.
(2) *Introd. à l'hist. de la phil.*, leçon 7.
(3) *Ibid.*

théistes et M. Cousin, étant la substance divine elle-même, qui dans toutes ses opérations est poussée par la nécessité, comment l'homme ou tout autre être pourrait-il jamais opérer librement? On répliquera peut-être, que la liberté de l'âme existe en elle comme simple phénomène. Mais comment cela est-il possible, si le principe de la liberté est ce je ne sais quoi d'identique et d'invariable d'où vient notre personnalité, tandis que le phénomène change continuellement? Ainsi, si l'on raisonne logiquement et conséquemment aux principes de M. Cousin, la liberté humaine ne peut être qu'une apparence, comme la contingence générale du monde, qui nous paraît contingent dans son entité phénoménale, quoiqu'il soit un développement nécessaire de la cause absolue. De même le vouloir humain, étant substantiellement un acte divin, doit être gouverné par la nécessité; mais il nous paraît libre, lorsque nous le séparons mentalement de son principe, et que nous le considérons comme simple phénomène. Je ne veux pas affirmer, je le répète, que telle soit la pensée de l'illustre auteur; mais telles sont cependant les conséquences de sa doctrine, conséquences qu'il n'a pas toujours dissimulées, comme nous le verrons en son lieu. Du reste, quelle que soit son opinion à ce sujet, vouloir juger d'un système complexe et ontologique par un simple point de psychologie, et de toute une théorie par une de ses conséquences spéciales, c'est aller contre toutes les règles d'une saine logique. On voit par tout ce que nous venons de dire et ce que nous dirons encore que M. Cousin professe directement et expressément le panthéisme; prétendre le contraire en vertu d'une déduction fondée sur quelque point indirect, serait une chose fort peu raisonnable. A ce compte l'on ne trouvera plus un seul panthéiste soit ancien soit moderne, car tous se contredisent plus ou moins; et ne pas se contredire est un privilége réservé à ceux qui professent la vérité. Spinosa lui-même, qui est cependant le logicien le plus rigoureux de tous les panthéistes, n'est pas d'accord avec ses propres principes précisément en ce qui concerne la liberté des actions humaines; un psychologue distingué de notre temps en a déjà fait la remarque (1).

(1) Jouffroy, *Cours de droit nat.*, leçon 6. Paris, 1835, t. I, p. 182, 183, 184.

« Au reste, si cette expression de substances finies peut aller
» au-devant d'honnêtes scrupules, je consens bien volontiers à
» l'ajouter à celle de phénomènes et de forces, appliquée à la
» nature et à l'homme. Il vaut cent fois mieux éclaircir ou réfor-
» mer un mot, même sans nécessité, que de courir le risque de
» scandaliser un seul de nos semblables (1). » Pourquoi donc n'a-t-il
pas *ajouté* cette expression? Pourquoi n'a-t-il pas *éclairci ou ré-
formé le mot* dont il s'agit? Pourquoi a-t-il réimprimé le texte
ancien, sans changer, sans corriger seulement une virgule?
Prétendre que le vice de ses doctrines se réduit à quelque mot,
c'est déjà ridicule; avouer qu'il est de son devoir de se corriger
au moment même qu'on répète la même faute, serait encore plus
plaisant si ce procédé n'était pas digne d'une qualification plus
sévère. Cette protestation de ne pas vouloir scandaliser son pro-
chain, et cette pieuse allusion au précepte de l'Évangile, mises
en avant dans ce cas, pourraient bien rappeler, si le noble caractère de l'auteur ne défendait pas cette comparaison, le principal
personnage d'une célèbre comédie de Molière.

Passons au second article sur lequel M. Cousin cherche à se
justifier. « Reste la nécessité de la création. A la réflexion, je
» trouve moi-même cette expression assez peu révérencieuse en-
» vers Dieu, dont elle a l'air de compromettre la liberté, et je ne
» fais pas la moindre difficulté de la retirer; mais en la retirant je
» la dois expliquer (2). » Ici encore il ne s'agit que d'un mot,
d'une simple *expression;* on affirme avec une noble condescen-
dance qu'on la retire; et chose curieuse, on réimprime ce que
l'on promet de corriger, et on le répète sous les yeux mêmes du
lecteur. Nous venons de voir en effet que l'auteur, en parlant de
Spinosa, et tout en cherchant à se laver de la tache de panthéisme, répète que *la création est nécessaire.* Mais laissons-là
cette manière de procéder, et examinons si en effet les erreurs
de M. Cousin sur la création du monde se réduisent à une simple
expression.

____

(1) *Fragm. phil.*, tom. I, p. xxi.
(2) *Ibid.*, tom. I, p. xxi, xxii.

Remarquons d'abord que dans le système de M. Cousin il ne peut être question d'une création substantielle, mais d'une simple création de phénomènes. Cela résulte de l'unité de substance, qui est, comme nous l'avons démontré, le pivot de son système : lui-même l'avoue en termes exprès : « Dans la *causation*…. il y a » création d'une détermination intérieure ou d'un mouvement » externe, c'est-à-dire la création de quelque chose de phéno- » ménal. Partant de là, qui peut nous permettre de concevoir » légitimement la création de la substance (1). »

Remarquons en second lieu que, d'après les principes du panthéisme, si la création substantielle est impossible, la création phénomènale est nécessaire. La liberté, en présupposant le pouvoir de faire le contraire de ce que l'on fait, implique la contingence des effets qui sont produits. Par conséquent, si le monde est l'œuvre d'une volonté libre, le monde doit être contingent. D'autre part la contingence ne peut avoir lieu dans les propriétés et dans les modifications d'une chose, c'est-à-dire dans les phénomènes, à moins qu'elle n'appartienne à la substantialité de cette chose, la nature des modifications et des apparences ne pouvant être contraire à celle de la substance qui les soutient. Or la substance absolue et unique est nécessaire. Donc le monde, s'il n'est qu'un ensemble de phénomènes, c'est-à-dire de modifications de la substance absolue et unique, ne peut être contingent ; mais, s'il n'est pas contingent, il ne peut être l'effet d'un acte libre : de là la nécessité de la création.

En troisième lieu, si la création est nécessaire, Dieu n'est plus libre en aucune manière. En effet la liberté divine, comme toute liberté, ne peut exister ni s'exercer à l'égard des choses nécessaires, mais seulement à l'égard des choses contingentes. C'est ce qui fait que Dieu n'est libre ni quant à l'essence éternelle des choses, ni quant aux attributs et aux perfections de sa propre nature. Sa liberté ne peut être que *ad extra,* comme disent les scolastiques. Or toutes les opérations de Dieu *ad extra* ont leur fondement dans la création. Mais la création n'est pas libre, si

______

(1) *Fragm. phil.,* tom. I, p. 221 , 222.

Dieu ne peut créer ce qui lui plait, s'il est forcé de créer, s'il ne peut à son gré créer ou ne pas créer. Si Dieu est forcé de créer le monde, il doit le créer tel qu'il est, il doit le créer conforme aux lois de cette nécessité absolue dont la création est une suite; y changer seulement l'ordre d'un atôme lui est impossible, parce que cela répugne à la loi de cette éternelle nécessité. Or, si Dieu est forcé de créer le monde, et de le créer tel qu'il est, dans son ensemble comme dans chacune de ses parties, il n'y a plus aucun ordre de choses dans lequel sa liberté puisse s'exercer, dans lequel le principe créateur ne soit pas enchaîné par une fatalité absolue. Que les panthéistes nous disent comment la liberté de l'homme peut s'accorder avec ce fatalisme divin, qu'ils nous fassent voir qu'il est raisonnable d'accorder aux créatures un privilége que l'on refuse au Créateur !

Donc, si M. Cousin est aussi bon logicien que panthéiste, il doit 1° nier toute création substantielle, 2° juger nécessaire la création phénoménale, 3° rejeter la liberté divine. Ces propositions sont certainement bien absurdes; voyons si le bon sens de l'auteur prévaudra ici sur la bonne logique.

« L'être que nous sommes et le monde extérieur n'étant que » des causes, il s'ensuit que l'être des êtres auquel nous les rap- » portons, nous est également donné sous la notion de cause. » Dieu n'est pour nous qu'à titre de cause; sans quoi la raison ne » lui rapporterait ni l'humanité ni le monde. Il n'est substance » absolue qu'en tant que cause absolue, et son essence est pré- » cisément dans sa puissance créatrice (1). » Ces paroles sont équivoques; car on ne voit pas bien si c'est dans le pouvoir que Dieu a de créer, que consiste l'essence divine, ou dans l'acte même de la création, c'est-à-dire si la vertu créatrice est considérée à l'état de puissance ou à l'état d'acte. Mais voici que l'auteur commence lui-même à expliquer sa pensée. En faisant la comparaison et la critique des systèmes éléatique et ionique, il s'exprime ainsi : « Si l'unité de Parménide est une unité impuis- » sante, et, pour parler le langage de la science moderne, une

____

(1) *Fragm. phil.*, tom. I, p. 15.

» substance sans cause, c'est-à-dire une substance vaine, puis-
» qu'elle est dépourvue de l'attribut essentiel qui constitue la
» substance, de même la pluralité d'Héraclite, son mouvement
» universel et la différence absolue n'est pas autre chose que la
» cause séparée de la substance, l'attribut sans sujet, la force
» sans base, la manifestation sans principe qu'elle manifeste, et
» l'apparence sans rien à faire paraitre. Or la cause sans sub-
» stance, comme la substance sans cause, le mouvement sans
» un moteur immobile, comme un centre immobile sans force
» motrice, l'identité absolue sans différence, comme la différence
» sans identité, l'unité sans pluralité comme la pluralité sans
» unité, l'absolu sans relatif et sans contingent, comme le relatif
» et le contingent sans quelque chose d'absolu, c'étaient là deux
» erreurs contradictoires, deux systèmes exclusifs, qui devaient
» en se rencontrant sur le théâtre de l'histoire se briser l'un
» contre l'autre, et se détruire l'un par l'autre. Mais non; rien
» ne se détruit, rien ne périt; tout se modifie et se transforme
» dans l'histoire comme dans la nature. En effet que suit-il de la
» polémique de l'empirisme ionien et de l'idéalisme éléatique? Il
» ne suit point que l'unité et la différence soient des chimères;
» mais tout au contraire que la différence et l'unité sont toutes
» deux réelles, et si réelles qu'elles sont inséparables, que l'unité
» est nécessaire à la différence, et la différence à l'unité, et par
» conséquent qu'après s'être combattus pour s'éprouver, les deux
» systèmes opposés n'ont qu'à retrancher les erreurs, c'est-à-dire
» les côtés exclusifs par lesquels ils s'entre-choquaient, pour se
» réconcilier et s'unir, comme les deux parties d'un même tout,
» les deux éléments intégrants de la pensée et des choses, dis-
» tincts, sans s'exclure, intimement liés, sans se confondre (1). »
Ce passage répond à celui que nous avons cité un peu plus haut,
et dans lequel l'illustre auteur parlait des Alexandrins. L'unité
et la différence, c'est-à-dire Dieu et le monde, y sont représen-
tées comme deux termes relatifs et indissolubles, dont le premier ne peut pas plus exister sans le second que le second sans

____

(1) *Nouv. fragm.*, p. 137, 138.

le premier. La différence consiste dans les phénomènes, et le lien entre l'unité et la différence est placé dans la création. Donc la création est aussi nécessaire que la nature divine, aussi nécessaire que le lien entre l'unité et la variété, et Dieu n'est pas plus libre de ne pas créer, ou de créer autrement qu'il a fait, que de changer sa propre essence. Comme on voit, je ne fais aucune violence au texte, et je n'en tire que les conséquences qui s'ensuivent d'elles-mêmes, et que l'auteur, comme nous le verrons, expliquera et dévoilera bientôt lui-même.

Ce qui d'abord peut sembler obscur dans le passage que nous venons de citer, c'est la différence qu'on établit entre la substance et la cause. Mais cette distinction, que M. Cousin emploie souvent dans l'exposé de sa doctrine, est une nouvelle preuve de son panthéisme. Il est nécessaire qu'on sache qu'il réduit toutes les idées de l'esprit humain à deux seules catégories auxquelles il donne les noms de substance et de cause. La première comprend toutes les idées absolues, la seconde toutes les idées relatives. Écoutons le lui-même. « Les deux lois fondamentales de la logique » sont... le fini et l'infini, le contingent et le nécessaire, le relatif » et l'absolu, etc. ; en dernière analyse l'idée de cause et l'idée de » substance. Toutes les logiques roulent sur l'une ou sur l'autre » de ces deux idées. Mais il faut les réunir ; il faut concevoir que » toute cause suppose une substance, *un substratum*, une base » d'action, comme toute substance contient nécessairement un » principe de développement, c'est-à-dire une cause. La sub- » stance est le fond de la cause, comme la cause est la forme de » la substance ; la première idée n'est pas la seconde ; mais la » seconde est inséparable de la première, comme la première de » la seconde (1). » L'illustre auteur répète souvent la même doctrine et l'explique amplement dans ses premières leçons (2). L'on voit par conséquent que sous le nom de cause il entend, non pas la substance douée simplement de la force active, mais l'action même substantielle et créatrice, avec le cortége des phénomènes

(1) *Introd. à l'hist. de la phil.*, leçon 13.
(2) *Cours de phil. de* 1818, *publié par Garnier*, leçon 4 et suiv., p. 33 seq.

qu'elle produit et qui en sont inséparables. « La cause se distin-
» gue de l'être (c'est-à-dire de la substance) : l'être n'est pas
» l'action, mais il réside au fond de toutes les actions. L'action
» c'est le phénomène, la qualité, l'accident, le multiple, le par-
» ticulier, l'individuel, le relatif, le possible, le probable, le
» contingent, le divers, le fini; tout cela se range donc sous la
» catégorie de cause. L'être c'est le noumène, comme dit Kant,
» le sujet, l'unité, l'absolu, le nécessaire, l'universel, l'éternel,
» le semblable, l'infini; tout cela appartient à la catégorie de
» substance (1). » Ainsi toutes les fois que M. Cousin nous répète
que la substance est nécessairement cause, que Dieu est cause
en vertu de sa propre essence, etc., il faut se garder de prendre
le mot de cause dans son acception ordinaire et dans le sens que
lui donnent les théistes; il faut entendre par là l'acte substantiel
avec l'ensemble des phénomènes qui en sont l'effet. La proposition : *Dieu est substance et cause,* équivaut, dans la pensée de
l'auteur, à celle-ci : Dieu est Dieu et monde, il est *noumène* et
phénomène. Si à l'aide de cette explication on examine le passage
précédent et ceux que nous avons cités plus haut, on concevra
comment M. Cousin peut dire que *toute substance renferme de
nécessité un principe de développement, c'est-à-dire une cause,* et
pourquoi il n'est pas satisfait des Eléates qui n'ont pas été panthéistes, ou l'ont été certainement moins que lui. Le grand tort
de la philosophie éléatique est, au jugement de M. Cousin, d'avoir
rejeté ou mal énoncé la nécessité de la création, et d'avoir adoré
un Dieu qui est maître de ses actes et de ses œuvres, et qui n'en
a pas besoin pour exister et pour jouir de ses perfections. On voit
encore avec combien peu de raison il rejette, comme contraire
à la sienne, la doctrine de Spinosa, qui, en plaçant la causalité
divine dans l'action substantielle qui produit une chaine éternelle et infinie de modifications nécessaires et nécessairement
enchaînées entr'elles, n'en dit ni plus ni moins que lui.

M. Cousin explique ailleurs dans des termes encore plus for-
mels cette connexion nécessaire et absolue de Dieu avec le monde.

(1) *Cours de phil. de* 1818, *publié par Garnier,* p. 34.

« L'unité sans pluralité n'est pas plus réelle, que la pluralité
» sans unité n'est vraie. Une unité absolue, qui ne sort pas
» d'elle-même ou ne projette qu'une ombre, a beau accabler de
» sa grandeur et ravir de son charme mystérieux, elle n'éclaire
» point l'esprit, et elle est hautement contredite par celles de nos
» facultés qui sont en rapport avec ce monde et nous attestent
» sa réalité, et par toutes nos facultés actives et morales, qui
» seraient une dérision et accuseraient leur auteur, si le théâtre
» où l'obligation de s'exercer leur est imposée n'était qu'une
» illusion et un piége. Un Dieu sans monde est tout aussi faux
» qu'un monde sans Dieu; une cause sans effets qui la manifes-
» tent, ou une série indéfinie d'effets sans une cause première;
» une substance qui ne se développerait jamais, ou un riche
» développement de phénomènes sans une substance qui les
» soutienne; la réalité empruntée seulement au visible ou à l'in-
» visible; d'une et d'autre part égale erreur... Entre ces deux
» abîmes, il y a longtemps que le bon sens du genre humain fait
» sa route; il y a longtemps que, loin des écoles et des systèmes,
» le genre humain croit avec une égale certitude à Dieu et au
» monde (1). » Remarquons qu'ici l'auteur ne se borne pas à reconnaître l'existence du monde et sa convenance avec les perfections
divines, ce dont personne ne peut douter; ni à donner à la création une nécessité morale, ce qui, pour être faux, n'impliquerait
pas tout-à-fait le panthéisme; mais qu'il lui assigne une nécessité
absolue, comme celle de Dieu même. En effet *l'unité n'est pas
plus réelle sans la pluralité, que la pluralité sans l'unité; un Dieu
sans monde n'est pas moins faux qu'un monde sans Dieu.* Pourquoi? Parce que la substance a besoin de *se développer*, et que
*le riche développement des phénomènes est soutenu par la substance
divine.* Or quel est le panthéiste qui ait jamais parlé plus clairement? qui ait jamais plus expressément déclaré l'identité de
Dieu et du monde, l'impossibilité de la création substantielle, la
nécessité de la création phénoménale et l'inexorable fatalité à
laquelle est soumis le Créateur lui-même?

(1) *Nouv. fragm.*, p. 72, 73.

Dans un autre endroit M. Cousin, cherchant les liens qui
unissent la variété avec l'unité, dit : « Toute vraie existence,
» toute réalité est dans l'union de ces deux éléments, quoique es-
» sentiellement l'un soit supérieur et antérieur à l'autre. Il faut
» qu'ils coexistent pour que de leur coexistence résulte la réalité.
» La variété manque de réalité sans unité : l'unité manque de
» réalité sans variété. » Mais la coexistence ne suffit pas pour
expliquer le nœud de ces deux choses. L'unité étant antérieure
à la variété, il faut bien passer de l'une à l'autre : or comment
passer de l'infini au fini? Cela semble impossible. « Une analyse
» supérieure résout cette contradiction. Nous avons identifié
» aussi tous les premiers termes. » (L'auteur entend parler ici
des idées qui forment sa catégorie de substance.) « Et quels sont
» ces premiers termes? C'est l'immensité, l'éternité, l'infini,
» l'unité. Nous verrons un jour comment l'école d'Élée, en se
» plaçant exclusivement dans ce point de vue, à la cime de l'im-
» mensité, de l'éternité, de l'être en soi, de la substance infinie,
» a défié toutes les autres écoles de pouvoir jamais, en partant
» de là, arriver à l'être relatif, au fini, à la multiplicité, et s'est
» beaucoup moquée de ceux qui admettaient l'existence du
» monde, lequel n'est après tout qu'une grande multiplicité.
» L'erreur fondamentale de l'école d'Élée vient de ce que, dans
» tous les premiers termes que nous avons énumérés, elle en avait
» oublié un qui égale tous les autres en certitude, et a droit à la
» même autorité que tous les autres, savoir : l'idée de la cause.
» L'immensité ou l'unité de l'espace, l'éternité ou l'unité du
» temps, l'unité des nombres, l'unité de la perfection, l'idéal de
» toute beauté, l'infini, la substance, l'être en soi, l'absolu, c'est
» une cause aussi, non pas une cause relative, contingente, finie,
» mais une cause absolue. Or, étant une cause absolue, l'unité,
» la substance ne peut pas ne pas passer à l'acte, elle ne peut pas
» ne pas se développer. Soit donné seulement l'être en soi, la
» substance absolue sans cause, le monde est impossible. Mais si
» l'être en soi est une cause absolue, la création n'est pas possi-
» ble, elle est nécessaire, et le monde ne peut pas ne pas être...
» L'absolu n'est pas l'*absolutum quid* de la scolastique : c'est la

» cause absolue qui absolument crée, absolument se manifeste,
» et qui en se développant tombe dans la condition de tout déve-
» loppement, entre dans la variété, dans le fini, dans l'imparfait,
» et produit tout ce que vous voyez autour de vous (1). » La supé-
riorité et l'antériorité de la substance à la cause, dont l'auteur
parle au commencement de ce passage, pourrait offrir quelque
difficulté s'il n'avait pas soin de l'expliquer. « Nous avons trouvé
» que dans l'ordre d'acquisition de nos connaissances l'un sup-
» posait l'autre (les deux éléments de substance et de cause), l'un
» était inséparable de l'autre. Nous avons trouvé en même temps
» que l'un est antérieur et supérieur à l'autre dans l'essence.
» Mais quoique l'un soit antérieur et supérieur à l'autre, nous
» avons trouvé qu'une fois qu'ils existent, l'un manquerait de
» réalité sans l'autre, et que tous deux sont nécessaires pour con-
» stituer la vie réelle de la raison. Enfin nous avons trouvé que
» l'un est le produit de l'autre, et que l'un donné, il y a non-
» seulement possibilité, mais nécessité du second. Ce dernier
» rapport est le rapport le plus essentiel de ces deux éléments (2). »
Il ne s'agit donc ici que d'une simple antériorité logique et non
chronologique ; car comment le second élément pourrait-il être
nécessaire à la réalité du premier, s'il ne lui était point coéternel ?
Voilà pourquoi nous lisons dans la leçon suivante, que le premier terme, c'est-à-dire la substance « est cause aussi, et cause
» absolue ; et en tant que cause absolue, il ne peut pas ne point
» se développer dans le second terme, savoir : la multiplicité, le
» fini, le phénomène, le relatif, l'espace et le temps, etc. Le
» résultat de tout ceci est, que les deux termes, ainsi que le
» rapport de génération qui tire le second du premier, et qui par
» conséquent l'y rapporte sans cesse, sont les trois éléments inté-
» grants de la raison (3). » Remarquons en passant le mot *génération*, qui, transporté de l'ordre idéal à l'ordre réel connu par la
raison seule, implique l'idée de l'émanatisme.

(1) *Introd. à l'hist. de la phil.*, leçon 4.
(2) *Ibid.*
(3) *Ibid.*, leçon 5.

Plus nous avançons, plus aussi le langage de M. Cousin acquiert de précision et de clarté. Il ne se contente plus de nous faire connaître la nécessité de l'acte créateur par la connexion apodictique des deux termes de la raison humaine; mais il ajoute que la substance absolue *ne peut pas ne point passer à l'acte et se développer;* que la cause absolue doit *absolument créer, se manifester, se développer*, bien entendu d'une manière absolue; que *le monde ne peut ne pas être.* Mais dans ce cas qu'est-ce que la création? Cette question, ou pour mieux dire, cette objection doit naturellement s'offrir à l'esprit du panthéiste. Aussi l'illustre auteur a-t-il dû s'y arrêter un instant. En effet, s'il n'existe point de substances finies, et que la production des phénomènes soit nécessaire et éternelle, comment peut-il y avoir création? M. Cousin prodigue beaucoup de paroles pour infirmer cette définition ordinaire « que créer c'est tirer du néant; car le néant » est une chimère et une contradiction (1). » Toute sophistique que soit sa critique, comme elle est étrangère à la question qui m'occupe, je ne m'arrêterai point à y répondre. Supposons que la définition ordinaire soit mauvaise; quelle sera la bonne selon notre philosophe? « Qu'est-ce que créer, messieurs, non d'après » la méthode hypothétique, mais d'après la méthode que nous » avons suivie, d'après cette méthode qui emprunte toujours à » la conscience humaine ce que plus tard, par une induction » supérieure, elle appliquera à l'essence divine? » Que le lecteur remarque ici qu'employer en ontologie la méthode psychologique, comme le fait M. Cousin, c'est absurde, c'est tomber comme philosophe dans le sensualisme, et comme théologien dans l'anthropomorphisme. « Créer est une chose très-peu difficile à con- » cevoir, car c'est une chose que nous faisons à toutes les minutes; » en effet, nous créons toutes les fois que nous faisons un acte » libre... Ainsi causer, c'est créer; mais avec quoi, avec rien? » Non, sans doute; tout au contraire avec le fond même de notre » existence, c'est-à-dire avec toute notre force créatrice, avec » toute notre liberté, toute notre activité volontaire, avec notre

(1) *Introd. à l'hist. de la phil.*, leçon 5.

» personnalité. L'homme ne tire point du néant l'action qu'il n'a
» pas faite encore, et qu'il va faire ; il la tire de la puissance qu'il
» a de la faire ; il la tire de lui-même. Voilà le type d'une créa-
» tion. » Dans l'acte libre l'homme n'est pas vraiment créateur,
puisqu'il opère comme cause seconde et non comme cause première. L'acte libre est une véritable création phénoménale ; mais
le privilége de cette création l'homme ne peut se l'attribuer, que
pour autant que le concours de la cause première, c'est-à-dire
de Dieu, porte sa volonté à opérer librement. Il est donc absurde
de considérer le vouloir de l'homme comme un type exact de la
création. Il n'est pas moins déraisonnable de demander *avec
quelle chose* Dieu crée ce qu'il crée ; car si par le mot *chose* on
entend la cause, c'est Dieu lui-même qui est cette cause ; si on
le prend pour une matière dont l'ouvrier se sert pour faire son
travail, je répondrai que l'idée même de création exclut toute
matière. Voilà ce que signifie la métaphore si vulgaire et si
expressive *créer de rien,* que notre auteur censure injustement.
Quand il affirme que nous faisons l'acte libre *avec le fond même
de notre existence,* il devrait ajouter que cela a lieu précisément
parce que nous ne sommes pas proprement créateurs. Mais Dieu,
qui est créateur dans la rigueur du terme, ne fait rien en dehors
de lui avec le fond de sa propre existence, parce qu'il n'a besoin
d'aucune matière ni intrinsèque ni extrinsèque pour créer ce
qu'il veut.

« La création divine est de la même nature. » Ce qui signifie
que ce n'est point une création. «Dieu, s'il est une cause, peut
» créer ; et s'il est une cause absolue, il ne peut pas ne pas créer.»
Donc la création est nécessaire, et Dieu n'est pas libre. Mais si
la création divine est *de la même nature* que la création humaine,
si celle-ci est le modèle de celle-là, si la création divine n'est
point libre mais inévitable, que sera-ce de la création humaine,
et par conséquent de la liberté humaine? Devons-nous faire Dieu
libre parce que l'homme crée librement, ou considérer la liberté
humaine comme illusoire et apparente, parce que Dieu n'est
point libre? Quel embarras, et comment s'en tirer? Si nous nous
en tenons aux mots, nous pourrons prendre celle des deux pro-

positions qui nous plaît le plus; mais si nous envisageons les principes de M. Cousin et tout l'ensemble de sa doctrine et de ses déclarations les plus expresses et les plus fréquentes, la seule plausible sera la seconde. « Dieu, s'il est une cause, peut créer;
» et s'il est une cause absolue, il ne peut pas ne pas créer; et en
» créant l'univers il ne le tire pas du néant, il le tire de lui-même,
» de cette puissance de causation et de création dont nous autres,
» faibles hommes, nous possédons une portion; et toute la diffé-
» rence de notre création à celle de Dieu est la différence géné-
» rale de Dieu à l'homme, la différence de la cause absolue à une
» cause relative. Je crée, car je cause, je produis un effet;.....
» mes créations comme ma force créatrice, sont relatives, con-
» tingentes, bornées; mais enfin ce sont des créations, et là est
» le type de la conception de la création divine. » Toujours de l'anthropomorphisme! L'auteur a dit précédemment que nous produisons l'acte libre *avec le fond même de notre existence,* ici il affirme de l'univers que Dieu *le tire de lui-même.* Les émanatistes de l'Inde ne parleraient pas mieux. « Dieu crée donc : il crée en
» vertu de sa puissance créatrice; il tire le monde, non du néant,
» qui n'est pas, mais de lui qui est l'existence absolue. Son ca-
» ractère éminent étant une force créatrice absolue qui ne peut
» pas ne pas passer à l'acte, il suit, non que la création est pos-
» sible, mais qu'elle est nécessaire; il suit que Dieu créant sans
» cesse et infiniment, la création est inépuisable et se maintient
» constamment. Il y a plus : Dieu crée avec lui-même; donc il
» crée avec tous les caractères que nous lui avons reconnus et
» qui passent nécessairement dans ses créations..... Voilà, mes-
» sieurs, l'univers créé, nécessairement créé, et manifestant
» celui qui le crée (1). »

Je demande pardon au lecteur, s'il lui paraît que j'accumule trop de citations; je crois devoir le faire, pour bien déterminer le sens de la doctrine que j'ai entrepris d'exposer. Du reste, j'aurais pu encore, si je l'avais voulu, citer davantage; je me borne aux endroits les plus décisifs et les plus propres à mon

_____

(1) *Introd. à l'hist. de la phil.,* leçon 5.

dessein. Ceux que j'ai rapportés suffisent, je crois, pour fixer le vrai sens du sentiment de l'auteur sur la nécessité de la création. Prêtons maintenant l'oreille à l'explication orthodoxe qu'il nous en a promise. Si par hasard cette explication confirmait notre interprétation, ce que nous allons ajouter à notre raisonnement ne serait pas un hors-d'œuvre.

« Elle (la nécessité de la création) ne couvre aucun mystère » de fatalisme : elle exprime une idée qui se trouve partout, » dans les plus saints docteurs, comme dans les plus grands » philosophes. » L'exorde promet beaucoup. Mais quelle est cette idée? La voici : « Dieu, comme l'homme, n'agit et ne peut agir » que conformément à sa nature, et sa liberté même est relative » à son essence. » Si l'on donne à ces paroles un sens raisonnable, elles signifient que Dieu ne peut rien faire de contraire à ses attributs. Mais dans le nombre infini des contingents possibles, conformes à ses attributs, sans qu'ils aient cependant une connexion nécessaire avec eux, Dieu peut choisir ceux qu'il veut; il peut créer et ne pas créer; autrement ils ne seraient pas contingents. « Or, en Dieu surtout la force est adéquate à la sub- » stance, et la force divine est toujours en acte. » La puissance divine est toujours en acte, parce que Dieu est *un acte pur,* selon la belle expression de l'école, expression que j'aime à répéter à cette occasion sans craindre d'offenser la délicatesse de notre siècle; mais cet acte divin, qui constitue l'essence divine et qui lui est intrinsèque, n'a aucune connexion absolue avec la création. Il est vrai que cet acte se rapporte aussi à la créature, si Dieu a décrété la création de toute éternité; mais Dieu dans sa liberté pouvait vouloir créer ou ne pas créer; il pouvait créer de telle ou de telle manière; et quel que fût son décret, l'acte interne et constitutif de l'essence divine était un, immuable, identique avec lui-même : la diversité ne regarde que le terme extrinsèque, qui consiste à créer ou ne pas créer, créer de telle ou de telle manière. Il n'est pas permis de confondre l'acte divin et interne avec le terme extérieur. « Dieu est donc essentiellement actif et » créateur. » Voilà qui est confus. Certainement Dieu est essentiellement actif en lui-même, mais non pas hors de lui; il n'est

pas essentiellement créateur, parce que le terme de l'acte créateur est extrinsèque et non intrinsèque à la nature divine. Affirmer le contraire, ce serait tomber dans les absurdités les plus
grandes, ce serait nier la contingence des choses créées, la
liberté divine et la multiplicité des substances. Je le dis parce
que, si quelqu'un appelait mon raisonnement une abstraction
scolastique, il ferait voir qu'il ignore jusqu'aux premiers éléments de la philosophie. « Il suit de là qu'à moins de dépouiller
» Dieu de sa nature et de ses perfections essentielles, il faut bien
» admettre qu'une puissance essentiellement créatrice n'a pas
» pu ne pas créer, comme une puissance essentiellement intelli-
» gente n'a pu créer qu'avec intelligence, comme une puissance
» essentiellement sage et bonne n'a pu créer qu'avec sagesse et
» bonté. Le mot de nécessité n'exprime pas autre chose. Il est
» inconcevable que de ce mot on ait voulu tirer et m'imputer le
» fatalisme universel (1). » Ne l'ai-je pas dit que M. Cousin, tout
en se défendant, confirmerait mon accusation? Aussi je le remer-
cie de son apologie; car non-seulement il répète et confirme à
cette occasion dans les termes les plus solennels l'erreur dont il
voudrait se justifier; mais il nous fait pénétrer d'autant mieux
dans le secret de sa pensée, et nous découvre les raisons de ses
écarts. On voit comme il met sur la même ligne les rapports de
Dieu à la création et ceux de Dieu à ses attributs. De même que
Dieu, en créant, ne peut rien faire de contraire à ses immuables
perfections et qui soit indigne de lui, de même il ne peut s'abstenir de créer, il ne peut choisir à son gré parmi l'infinité de
modes possibles de créer. La nécessité est égale des deux côtés;
et comme elle est absolue dans le premier cas, elle ne peut dans
le second être moins grande, ou moins invincible. Il est tout
aussi nécessaire pour Dieu de créer le monde et de le créer tel
qu'il l'a créé, qu'il lui est nécessaire d'être bon et sage, qu'il lui
est impossible d'anéantir ses propres perfections et détruire sa
propre nature. Il est clair que M. Cousin donne la même valeur
aux propriétés intrinsèques et aux rapports extrinsèques de Dieu,

____

(1) *Fragm. phil.*, tom. I, p. xxii.

et qu'il n'admet aucune différence entre le mode dont la volonté divine se replie sur elle-même, c'est-à-dire sur son essence divine, et le mode dont elle s'applique aux contingents possibles dans l'acte de la création. Comment donc le grand philosophe a-t-il pu confondre des choses aussi différentes? Comment n'a-t-il pas remarqué que, pour les confondre ainsi, il faut réunir dans la même catégorie les éléments les plus disparates, tels que la nécessité et la contingence, le relatif et l'absolu? Quelle est la source d'une erreur aussi énorme? La réponse en est facile : Le panthéisme. Suivant les dogmes de cette doctrine, comme il n'y a qu'une seule substance, la distinction entre les attributs intrinsèques et les rapports extrinsèques de Dieu n'a aucun fondement : toute chose est un attribut divin ; tout phénomène a lieu en Dieu et fait partie intégrante de la nature divine. Le Dieu des panthéistes a les mêmes obligations envers le monde qu'envers lui-même, puisqu'en définitive le monde c'est Dieu même ; la création est nécessaire, impossible même dans la rigueur du terme, parce que si Dieu avait créé le monde, il serait l'auteur de sa propre existence. Tout au plus peut-il engendrer le monde de toute éternité, de même que selon la foi des chrétiens le Père engendre le Fils ; mais il ne peut le créer. Voilà comment les sophismes, sur lesquels on appuie la nécessité de la création, tirent leur force du *postulatum* panthéistique !

Arrêtons-nous un instant pour considérer le procédé de l'auteur. D'abord selon lui tous ses torts se réduisent à une petite tache, à une expression impropre qu'il se propose d'expliquer. *Elle ne couvre aucun mystère de fatalisme*, dit-il ; et la preuve, c'est *qu'elle se trouve dans les plus grands philosophes et dans les plus saints docteurs.* Or quelle est cette idée? Que Dieu est autant forcé de créer que d'être bon et sage ; que le monde est aussi nécessaire, ni plus ni moins, que l'essence et les perfections divines. Cette bagatelle, qui est, comme chacun le voit, l'opinion *des plus grands philosophes et des plus saints docteurs*, une fois reconnue, il ajoute : *Le mot de nécessité n'exprime pas autre chose.* C'est parfaitement vrai. *Il est inconcevable que de ce mot on ait voulu tirer et m'imputer le fatalisme universel.* Mais qu'est-ce donc que le fatalisme universel, si ce n'est pas cela? Peut-on faire une profession de fatalisme plus claire, plus précise et plus forte que celle que fait l'auteur lui-même, là où il veut prouver qu'il n'est pas fataliste? Et qu'y a-t-il ici de plus inconcevable ou de croire M. Cousin fataliste, parce qu'il se déclare tel là même où il cherche à démontrer le contraire, ou de voir M. Cousin abuser à tel point de l'indulgence, je dirai mieux, de la simplicité de ses lecteurs?

Mais notre auteur s'anime; et, faisant de la rhétorique, comme si les belles phrases pouvaient prévaloir contre l'évidence, il s'écrie : « Quoi! parce que je rapporte l'action de Dieu à sa sub- » stance même, je considère cette action comme aveugle et » fatale! » Non, M. Cousin, personne n'est assez simple pour nier que *l'action de Dieu se rapporte à la substance divine*, en tant que cette substance est la cause qui crée librement. Mais tout bon philosophe niera que *l'action de Dieu se rapporte à sa substance*, si vous considérez ce rapport comme une émanation nécessaire, comme le rapport d'un effet produit nécessairement par sa cause, si vous admettez une substance unique, si vous identifiez le terme de l'action avec l'action elle-même, si vous rejetez la substantialité propre des choses créées, si vous assurez que ce ne sont que de purs phénomènes produits par la substance absolue. Or, que telle soit votre doctrine, cela résulte de tout ce que vous avez dit jusqu'ici. « Quoi, il y a de l'impiété à mettre un attribut de » Dieu, la liberté, en harmonie avec tous ses autres attributs et » avec la nature divine elle-même! » Il ne s'agit point ici de concilier la liberté divine avec les autres perfections de Dieu et avec sa nature elle-même, mais de voir si selon vos principes Dieu est libre. Ce que l'on vous reproche, ce n'est point d'accorder à Dieu une liberté bonne et sage (la lui refuser serait une impiété); mais c'est de lui ôter toute liberté. Selon nous Dieu est libre, sans préjudice de ses autres perfections, parce que créer et ne pas créer, élire parmi le nombre infini d'ordres possibles l'ordre de son choix, est également digne de sa bonté et de sa sagesse. Au contraire, selon vous, Dieu est *essentiellement créateur*, et il lui est aussi impossible de s'abstenir de créer que

de changer sa propre essence; selon vous, ce que Dieu fait résulte nécessairement de la nature de ses attributs, et d'une manière si absolue qu'il ne pourrait faire le contraire. Or, si vous vous en tenez à ces termes, comment Dieu peut-il être libre? Comment pouvez-vous vous vanter de *mettre en harmonie la liberté de Dieu avec sa nature et ses autres attributs*, si, à ce qu'il vous semble, la liberté divine est une chimère? « Quoi, la piété et
» l'orthodoxie consistent à soumettre tous les attributs de Dieu à
» un seul, de sorte que partout où les grands maîtres ont écrit :
» les lois éternelles de la justice divine, il faudra mettre : les
» décrets arbitraires de Dieu; partout où ils ont écrit : il conve-
» nait à la nature de Dieu, à sa sagesse, à sa bonté, etc., d'agir
» de telle ou telle manière, il faudra mettre que cela ne conve-
» nait ni ne disconvenait à sa nature, mais qu'il lui a plu arbi-
» trairement de faire ainsi! C'est la doctrine de Hobbes sur la
» législation humaine transportée à la législation divine. Il y a
» plus de deux mille ans, Platon foudroyait déjà cette doctrine
» et la poussait dans l'*Euthyphron* aux absurdités les plus impies.
» Saint Thomas la combattit, dès qu'elle reparut dans l'Europe
» chrétienne, et on pouvait croire qu'elle avait péri sous les con-
» séquences qu'en avait tirées l'intrépide logique d'Okkam (1). »
Pardonnez que je vous le dise, M. Cousin, vous divaguez, ou vous voulez nous donner le change. Vous confondez trois questions bien différentes, et, après les avoir confondues, vous appliquez à l'une d'elles les raisonnements qui ne sont plausibles qu'à l'égard des deux autres. Quand on parle de la liberté divine, trois questions peuvent se poser : 1° Si Dieu est libre en ce qui concerne sa nature et ses attributs propres; c'est-à-dire, s'il peut changer son essence, ou ôter quelque chose à ses perfections? 2° Si Dieu est libre en ce qui concerne l'essence éternelle des choses; par conséquent, s'il peut les rendre autres qu'elles sont, et altérer ainsi les vérités mathématiques, morales, métaphysiques, et mettre les choses existantes en contradiction avec les possibles? 3° Si Dieu est libre en ce qui concerne les choses con-

(1) *Fragm. phil.*, tom. I, p. XXII, XXIII.

tingentes, c'est-à-dire, s'il peut les créer ou ne pas les créer à son choix, s'il peut choisir à son gré les effets de la création, quand ils ne sont pas en contradiction avec l'essence éternelle des choses, ni avec la nature et les attributs divins? De ces trois points le seul où les catholiques diffèrent de M. Cousin, est le dernier; quant aux deux autres il y a entr'eux accord parfait. Or que dit M. Cousin sur le troisième point? Que Dieu n'est pas plus libre de créer ou de ne pas créer, de déterminer les effets de la création, que de changer les essences éternelles, de se changer lui-même. Quelle est maintenant l'objection que font les catholiques contre cette doctrine? Par elle, disent-ils, on nie la liberté divine, on introduit un fatalisme divin qui doit aboutir au fatalisme universel. M. Cousin s'indigne de cette accusation, et veut y répondre. Mais de quelle manière? Prouve-t-il peut-être qu'on a mal interprété ses paroles? Soutient-il qu'il admet le libre arbitre de Dieu dans l'ordre des choses contingentes? Non; mais il accuse ses adversaires d'exagérer la liberté de Dieu et de l'étendre des choses contingentes jusqu'aux choses nécessaires. Voyez la belle manière de raisonner, au lieu de se défendre, l'illustre philosophe se rend accusateur. Les catholiques, dit-il, m'accusent de rendre la création nécessaire; c'est une calomnie, car *une puissance essentiellement créatrice n'a pas pu ne pas créer*. Les catholiques prétendent que j'ôte à Dieu la liberté dans l'ordre contingent; c'est une fausseté, puisque mes adversaires étendent cette liberté jusqu'à l'ordre nécessaire. Cela fût-il vrai, y eût-il eu quelque part erreur sur ce point, en serait-il peut-être moins certain que M. Cousin, en niant le libre arbitre de Dieu dans les choses contingentes, détruit entièrement la liberté divine? Quel est le critique, l'orthodoxe, qui attaque M. Cousin et qui professe la doctrine de Hobbes, la doctrine déjà combattue et condamnée par Platon et par saint Thomas? Qui est-ce qui soutient que la liberté de Dieu consiste dans le pouvoir d'altérer ses propres perfections ou l'essence éternelle des choses, dans l'exercice de son pouvoir sur les choses contingentes d'une manière contraire à son essence, à ses perfections divines! Loin d'embrasser une doctrine aussi détestable, les défenseurs de la liberté divine et humaine professent celle qui lui est diamétralement opposée. Car je ferai remarquer que Hobbes, Spinosa et tous les autres sophistes qui ont attaqué l'immutabilité de la vraie morale, ont été fatalistes; et M. Cousin qui, du moins par rapport à Dieu, est panthéiste et fataliste, devrait aussi quant à la morale professer une doctrine également erronée, s'il était conséquent avec les principes de son système. Mais j'ai hâte de dire que sur ce point il répudie expressément les conséquences de sa théorie, et que le bon sens et la dignité de l'homme sont plus puissants chez lui que la logique du philosophe. Logiquement il est impossible de concilier la moralité avec le panthéisme; car, si la substantialité des phénomènes est la substance divine elle-même, le mal doit se rapporter à Dieu comme à son principe; et alors il n'y a plus aucune différence absolue entre le bien et le mal; tout ce qui arrive, l'injuste et le juste, sera absolument bon, puisqu'il est l'œuvre de Dieu : Spinosa ne professait point d'autre doctrine! Celui au contraire qui admet la liberté, est forcé de reconnaître une loi morale immuable, parce que le libre arbitre suppose évidemment une règle éternelle qui en détermine l'exercice : pour la volonté divine comme pour la volonté humaine, cette règle est Dieu lui-même, c'est-à-dire la perfection absolue de sa nature et de son intelligence, perfection qui comprend l'essence éternelle et immuable des choses. S'il était possible que Dieu s'opposât à ces deux ordres, loin d'être libre, il cesserait d'exister et s'anéantirait lui-même. En un mot, celui qui admet la liberté dans la sphère des choses contingentes, ne peut l'étendre aux nécessaires, l'immutabilité de celles-ci étant la base de la contingence de celles-là et du libre arbitre qui s'exerce sur elles.

« Mais allons à la racine du mal, à savoir, une théorie incom- » plète et vicieuse de la liberté. C'est ici qu'éclate la puissance » de la psychologie. Toute erreur psychologique entraîne avec » elle les plus graves erreurs; et pour s'être trompé sur la liberté » de l'homme, on se trompe ensuite presque nécessairement sur » la liberté de Dieu. » L'erreur en psychologie peut nuire à l'ontologie, parce que toutes les vérités se tiennent. Cependant on

4.

ne doit pas inférer de là que la vérité psychologique suffise pour
connaitre l'ontologie ; et que le psychologisme ne soit pas intrin-
sèquement vicieux. Les inductions psychologiques ont trop souvent vicié l'ontologie, et M. Cousin, qui est un défenseur si
ardent du psychologisme, pourrait lui seul en fournir plus d'un
exemple. Mais ce point de philosophie n'appartient pas à l'objet
de nos considérations. « Je crois avoir prouvé ailleurs, sans
» vaine subtilité, qu'il y a une distinction réelle entre le libre
» arbitre et la liberté. Le libre arbitre, c'est la volonté avec l'ap-
» pareil de la délibération entre des partis divers et sous cette
» condition suprême que, lorsqu'à la suite de la délibération on
» se résout à vouloir ceci ou cela, on a l'immédiate conscience
» d'avoir pu et de pouvoir encore vouloir le contraire. C'est dans
» la volonté et dans le cortége des phénomènes qui l'environnent
» que parait plus énergiquement la liberté, mais elle n'y est
» point épuisée. Il est de rares et sublimes moments où la liberté
» est d'autant plus grande, qu'elle parait moins aux yeux d'une
» observation superficielle. J'ai cité souvent l'exemple de d'Assas.
» D'Assas n'a pas délibéré ; et pour cela d'Assas était-il moins
» libre, et n'a-t-il pas agi avec une entière liberté ? Le saint qui,
» après le long et douloureux exercice de la vertu, en est arrivé
» à pratiquer comme par nature les actes de renoncement à soi-
» même qui répugnent le plus à la faiblesse humaine ; le saint,
» pour être sorti des contradictions et des angoisses de cette
» forme de la liberté qu'on appelle la volonté, est-il donc tombé
» au-dessous, au lieu de s'être élevé au-dessus, et n'est-il plus
» qu'un instrument passif et aveugle de la grâce, comme l'ont
» voulu mal à propos, par une interprétation excessive de la
» doctrine augustinienne, et Luther et Calvin ? Non, il reste
» libre encore ; et loin de s'être évanouie, sa liberté en s'épurant
» s'est élevée et agrandie ; de la forme humaine de la volonté,
» elle a passé à la forme presque divine de la spontanéité. La
» spontanéité est essentiellement libre, bien qu'elle ne soit
» accompagnée d'aucune délibération, et que souvent dans le
» rapide élan de son action inspirée elle s'échappe à elle-même,
» et laisse à peine une trace dans les profondeurs de la con-

» science. » Il ne serait pas difficile de prouver que cette distinction entre la liberté spontanée et la liberté réfléchie n'est fondée
sur rien ; que la liberté humaine est toujours réfléchie, et par
conséquent précédée de la délibération ; que si le contraire paraît
arriver quelquefois, c'est que la délibération est si prompte et
si instantanée que l'on ne s'en souvient pas ; c'est que la délibération est différente de l'hésitation et du combat, et que l'une
peut exister sans l'autre ; c'est que le saint, dont il est ici question, opère toujours avec délibération, quoiqu'il n'ait plus à
combattre, selon l'hypothèse, les mauvaises inclinations ; c'est
enfin que, si l'activité spontanée exclut toutes espèces de délibération, elle doit exclure aussi la connaissance de pouvoir faire
le contraire de ce qu'on fait, et par conséquent la vraie liberté,
par laquelle l'homme est exempt non-seulement de toute con-
trainte et de toute violence ; mais aussi de toute nécessité intrinsèque à son esprit. Comme la démonstration de tous ces points
exigerait une longue discussion, et que mon sujet ne le demande
point, je ne m'y arrêterai pas. Supposons maintenant que la distinction soit vraie, et voyons l'avantage que l'auteur en tire pour
sauver la liberté divine. « Transportons cette exacte psychologie
» dans la théodicée, et nous reconnaîtrons sans hypothèse, que
» la spontanéité est aussi la forme éminente de la liberté de
» Dieu. » Lors même que la psychologie de M. Cousin serait exacte,
ce qu'elle n'est pas, encore ne pourrait-on pas en faire usage
dans l'ontologie divine ; parce qu'il peut bien se trouver quelque
analogie entre les facultés de l'homme et les perfections divines,
mais jamais une similitude parfaite. Raisonner autrement, c'est
tomber dans l'anthropomorphisme. L'idée, que nous pouvons nous
former de la liberté de Dieu, est négative et non positive, générique et non spécifique ; et par conséquent on ne peut transporter
en elle la forme spéciale de la liberté humaine, quels que soient
les états que nous voulions lui supposer. « Oui, certes, Dieu est
» libre ; car, entre autres preuves, il serait absurde qu'il y eût
» moins dans la cause première que dans un de ses effets, l'hu-
» manité ; Dieu est libre, mais non de cette liberté relative à
» notre double nature, et faite pour lutter contre la passion et

» l'erreur et engendrer péniblement la vertu et notre science
» imparfaite ; il est libre d'une liberté relative à sa divine nature,
» c'est-à-dire illimitée, infinie, ne connaissant aucun obstacle. »
Je vais plus loin que M. Cousin, et je refuse à Dieu non-seulement cette liberté accompagnée de suspension entre le bien et
le mal, de la lutte entre la raison et la passion et d'autres imper-
fections semblables, mais même de toute délibération quelconque ; il serait en effet embarrassant de concilier le moindre acte
délibératif avec la perfection absolue de la nature divine, et le
moindre raisonnement avec son éternité immanente. Cependant
je ne dis pas que l'essence de la liberté divine consiste simplement à être *illimitée* et libre de *tout obstacle;* parce que ces deux
choses ne constituent pas encore la vraie liberté, qui suppose
l'éloignement non-seulement de toute limite et de tout obstacle,
mais aussi de toute fatalité intrinsèque à la nature de l'être qui
la possède. « La spontanéité la plus pure dans l'homme, ce que
» le christianisme appelle la liberté des enfants de Dieu, n'est
» encore qu'une ombre de la liberté de leur père. Entre le juste
» et l'injuste, entre le bien et le mal, entre la raison et son con-
» traire, Dieu ne peut délibérer, ni par conséquent vouloir à
» notre manière. Conçoit-on en effet qu'il ait pu prendre ce que
» nous appellerons le mauvais parti? Cette supposition seule est
» impie (1). » Il faudrait être pieux et sage comme Alphonse X,
pour dire que Dieu est libre, parce qu'il peut choisir *entre le*
juste et l'injuste, entre le bien et le mal, entre la raison et son
opposé, et prendre le mauvais parti. Mais tout ce texte se borne
à nous montrer en quoi la liberté divine ne peut consister; il ne
dit point, si elle existe, si elle trouve matière à s'exercer. Il
montre que Dieu ne peut avoir une liberté défectueuse; mais il
ne décide pas si une liberté parfaite convient à la nature divine.
Pour bien comprendre quel est le sentiment de l'illustre auteur
sur ce sujet, il faut recourir aux endroits où il expose la théorie
de la liberté humaine, et principalement celle qu'il appelle spontanée; celle-ci, étant selon lui une copie de la liberté de Dieu,
pourra nous en donner une idée suffisante.

(1) *Fragm. phil.*, tom. I, p. xxiii, xxiv, xxv, xxvi.

Dans plusieurs endroits de ses ouvrages l'auteur décrit la différence qu'il y a entre l'activité spontanée et l'activité réfléchie de l'esprit humain : c'est un des points de prédilection de sa théorie, auquel le moindre objet le ramène et auquel il s'arrête avec une certaine complaisance. Il est vrai que l'exposition qu'il en donne n'est pas toujours la même; de notables différences s'y trouvent; cependant en y regardant bien, ces différences peuvent se concilier, et il n'est pas difficile de le faire, si l'on compare ce point spécial avec les principes généraux de la doctrine à laquelle il appartient. Pour éviter une longueur inutile, je me bornerai à citer seulement deux de ces endroits; je prends ceux qui me paraissent les plus précis et les plus propres à nous faire entrer dans la pensée de l'illustre écrivain.

« Le premier acte réfléchi n'est pas le fait primitif..... La ré-
» flexion ou la liberté est sans doute le plus haut degré de la vie
» intellectuelle; la libre réflexion constitue seule notre véritable
» existence personnelle; ce n'est que par la libre réflexion que
» nous nous appartenons à nous-mêmes, car c'est par elle seule
» que nous nous posons nous-mêmes; mais avant de nous poser,
» nous nous trouvons; avant de vouloir apercevoir, nous aperce-
» vons; avant d'agir librement, nous agissons spontanément.
» L'action libre suppose la connaissance plus ou moins nette du
» résultat qu'on veut obtenir. Dans ce cas la liberté ne peut être
» le fait primitif. Le mot liberté peut se prendre dans deux sens
» différents. Un acte libre peut se dire de celui qu'un être pro-
» duit parce qu'il a voulu le produire; parce que se le représen-
» tant d'abord, sachant par expérience qu'il peut le produire,
» il lui a plu vouloir exercer, relativement à cet acte conçu
» d'avance, la puissance productive dont il se sait doué. Telle
» est la liberté proprement dite ou la liberté. Un être est encore
» appelé libre, lorsque le principe de ses actes est en lui-même,
» et non dans un autre être, lorsque l'acte qu'il produit est le déve-
» loppement d'une force qui lui appartient, et qui n'agit que par
» ses propres lois. Par exemple, lorsqu'une force extérieure
» pousse mon bras à mon insu ou malgré moi, ce mouvement de
» mon bras ne m'appartient pas; et si l'on veut appeler ce mou-

» vement un acte, ce n'est point un acte libre dans aucun sens ;
» le mouvement de mon bras tombe alors sous les lois de la méca-
» nique extérieure : ce n'est point par mes propres lois indivi-
» duelles que j'agis, ce n'est pas moi qui agis, c'est l'univers qui
» agit par moi. Mais lorsqu'à l'occasion d'une affection organique,
» l'esprit entre d'abord en exercice par son énergie native, et
» produit un acte quelconque, je puis dire que l'esprit est libre
» en tant que l'affection organique est l'occasion extérieure et
» non le principe de son action, dont la raison est la puissance
» naturelle de l'esprit. C'est dans ce sens et non dans l'autre que
» toute action de l'esprit peut être appelée libre ; mais si, con-
» fondant les deux sens du mot liberté, confondant deux faits
» très-distincts, on soutient que l'esprit est toujours libre de la
» liberté réfléchie, la réflexion supposant nécessairement une
» opération antérieure, il faut accorder que cette opération est
» réfléchie ou qu'elle ne l'est pas ; si elle ne l'est pas, voilà l'acte
» non réfléchi que l'on veut éviter ; et si elle est réfléchie, elle
» en présuppose une autre, laquelle, si on la suppose réfléchie,
» en suppose encore une autre toujours réfléchie ; et nous voilà
» dans un cercle insoluble (1). »

Voici comme je raisonne sur ce passage : si l'activité réfléchie
est *la seule qui constitue notre véritable existence personnelle ;* si
elle est la seule par laquelle *nous appartenons à nous-mêmes ;* si
elle est la seule qui possède *la connaissance plus ou moins nette
du résultat qu'on veut obtenir ;* si toutes ces conditions de l'activité réfléchie ne peuvent en aucune manière se trouver dans
l'activité spontanée qui la précède ; si l'activité spontanée peut
seule s'appeler libre pour autant qu'elle est *le développement
d'une force qui lui appartient et qui agit en vertu de ses propres
lois,* il s'ensuit que l'activité spontanée n'est pas libre, dans le
sens ordinaire du mot, ou qu'elle est seulement libre *a coactione,*
suivant le langage de l'école, et non *a necessitate.* C'est pourquoi,
si l'auteur lui donne toutefois le nom de libre, il le fait pour
indiquer que le destin qui la gouverne, procède de la force

(1) *Fragm. phil.,* tom. I, p. 359, 360, 361.

même où réside l'activité, et non d'une cause extrinsèque qui
la pousse ou la contraigne d'une manière quelconque. Le lecteur
ne doit point perdre de vue le sens que M. Cousin donne au mot
de *liberté*. Or, que s'en suivra-t-il, si vous appliquez cette idée
de la liberté spontanée de l'homme à l'Être absolu? Que Dieu est
inexorablement gouverné dans toutes ses opérations par la nécessité de sa propre nature, et qu'il n'est nullement doué d'une
vraie personnalité. Telle est donc la liberté que l'illustre auteur
accorde à la nature divine, liberté identique avec celle que
Spinosa aussi voulait bien donner à son Dieu. Cette doctrine est
vraiment épouvantable; mais on ne peut nier qu'elle ne soit parfaitement conforme aux principes du panthéisme.

Le second passage que j'ai promis de citer, est encore plus
remarquable et contient les mêmes idées, mais exprimées d'une
manière plus détaillée. « Concevoir un but, délibérer emporte
» l'idée de réflexion. La réflexion est donc la condition de tout
» acte volontaire, si tout acte volontaire suppose une prédéter-
» mination de son objet et une délibération... Mais une opéra-
» tion réfléchie peut-elle être une opération primitive? Vouloir
» c'est, sachant qu'on peut se résoudre et agir, délibérer si on
» se résoudra, si on agira de telle ou telle manière, et choisir
» en faveur de l'une ou de l'autre. Le résultat de ce choix, de
» cette décision précédée de délibération et de prédétermination
» est la volition, effet immédiat de l'activité personnelle; mais
» pour se résoudre et agir ainsi, il fallait savoir qu'on pouvait
» se résoudre et agir, il fallait antérieurement s'être résolu, avoir
» agi autrement, sans délibération, ni prédétermination, c'est-
» à-dire, sans réflexion. L'opération antérieure à la réflexion est
» la spontanéité. C'est un fait que même aujourd'hui nous agis-
» sons souvent sans avoir délibéré, et que la perception ration-
» nelle nous découvrant spontanément l'acte à faire, l'activité
» personnelle entre aussi spontanément en exercice, et se résout
» d'abord, non par une impulsion étrangère, mais par une sorte
» d'inspiration immédiate, supérieure à la réflexion et souvent
» meilleure qu'elle. Le *qu'il mourût!* du vieil Horace, le *à moi,*
» *Auvergne!* du brave d'Assas, ne sont pas des élans aveugles,

» et par conséquent dépourvus de moralité; mais ce n'est pas
» non plus au raisonnement et à la réflexion que l'héroïsme les
» emprunte. Le phénomène de l'activité spontanée est donc tout
» aussi réel que celui de l'activité volontaire (1). » L'activité
réfléchie est donc celle qui *conçoit un but, prédétermine son objet,
opère volontairement, a la conscience de pouvoir se résoudre, déli-
bère et choisit.* Toutes ces qualités sont propres à l'activité réfléchie ou volontaire, et doivent être ôtées à l'activité spontanée,
d'après l'opinion exprimée dans le passage cité.

Après quelques réflexions peu importantes sur l'obscurité
inhérente à l'acte spontané, l'auteur poursuit en ces termes :
« La réflexion en principe et en fait suppose et suit la spontanéité;
» mais comme il ne peut y avoir rien de plus dans le réflexif que
» dans le spontané, tout ce que nous avons dit de l'un s'applique
» à l'autre, et quoique la spontanéité ne soit accompagnée ni de
» prédétermination ni de délibération, elle n'est pas moins comme
» la volonté une puissance réelle d'action et par conséquent une
» cause productrice et par conséquent personnelle. La sponta-
» néité contient donc tout ce que contient la volonté, et elle le
» contient antérieurement à elle, sous une forme moins déter-
» minée, mais plus pure, ce qui élève encore la source immé-
» diate de la causalité et du moi. » Si nous rapprochons ces
paroles d'un autre passage des Fragments que nous avons déjà
rapporté, nous y trouvons certaines contradictions du moins
apparentes. En effet on nous apprend dans ce passage que la
liberté proprement dite, la liberté *a necessitate* ne se trouve pas
dans l'acte spontané, ici on nous assure que toutes les qualités
de l'activité réfléchie se trouvent déjà dans l'activité spontanée;
comment concilier ceci? Devons-nous dire que l'activité réfléchie
est fatale comme l'activité spontanée, ou que celle-ci est libre
aussi bien que la première? Autre contradiction : l'activité spontanée est destituée de personnalité véritable d'après le premier
passage; d'après l'autre elle est douée de personnalité. En un
mot, la première citation nous représente la spontanéité comme

(1) *Fragm. phil*, tom I, p. 66, 67.

impersonnelle et fatale, la seconde comme personnelle et libre.
Si nous avons recours aux principes panthéistiques, il n'y aura
aucun doute que la première citation ne soit la plus admissible,
comme étant la seule qui leur soit conforme. En effet s'il n'y a
qu'une substance unique, c'est à elle comme à leur principe
immédiat et unique que doivent se rapporter toutes les actions
de l'homme, qui conséquemment ne peuvent être ni personnelles
ni libres. Mais dans ce cas il reste toutefois à examiner si la contradiction entre les deux passages peut être ôtée ; car la saine
critique exige que l'on n'admette point qu'il y ait opposition
entre les idées d'un auteur, sinon lorsqu'il est impossible de lever
cette contrariété par quelque interprétation naturelle. Or le seul
moyen de concilier ces propositions contradictoires, c'est de dire
que M. Cousin, en refusant la personnalité et la liberté à l'activité humaine, parle d'une personnalité et d'une liberté substantielle et réelle, et qu'en lui accordant ces deux qualités, il
n'entend qu'une personnalité et une liberté phénoménale, c'est-
à-dire apparente. Selon cette explication il n'existerait plus
aucune différence fondamentale entre les deux activités ; toutes
deux seraient personnelles et libres en apparence, imperson-
nelles et nécessaires effectivement. Ainsi se vérifierait ce que
nous avons conjecturé d'abord, savoir que l'illustre auteur ne
donne à l'homme même qu'une ombre de liberté, et que son fatalisme est véritablement universel. Que si dans d'autres passages,
par exemple, lorsqu'il réfute Locke, l'auteur semble reconnaître
dans l'homme une véritable liberté, cet aveu est peu important,
parce que alors il discute la question sous un point de vue
uniquement psychologique ; et les faits psychologiques n'ont de
valeur que lorsqu'ils viennent à être déterminés et confirmés par
les principes ontologiques, l'ontologie étant la science de la réalité et la psychologie ne s'occupant que de purs phénomènes.
La conclusion que nous offrons au lecteur, outre qu'elle a le
mérite d'être la seule conforme à l'ontologie de l'auteur et aux
dogmes de tout panthéisme, reçoit une nouvelle confirmation
dans la suite du passage dont nous avons donné le commencement. « Le moi est déjà avec la puissance productrice, qui le

» caractérise dans l'éclair de la spontanéité, et c'est dans cet
» éclair instantané qu'il se saisit instantanément lui-même. On
» pourrait dire qu'il se trouve dans la spontanéité et que dans la
» réflexion il se constitue. Le moi, dit Fichte, se pose lui-même
» dans une détermination volontaire. Ce point de vue est celui
» de la réflexion... Avant la réflexion et le fait à la description
» duquel Fichte a pour jamais attaché son nom, est une opéra-
» tion dans laquelle le moi se trouve sans s'être cherché, se pose
» si l'on veut, mais sans avoir voulu se poser, par la seule vertu
» et l'énergie propre de l'activité qu'il reconnaît lui-même en la
» manifestant, mais sans l'avoir connue d'avance ; car l'activité
» ne se révèle à elle-même que par ses actes, et le premier a dû
» être l'effet d'une puissance qui jusque-là s'était ignorée elle-
» même. » L'acte spontané est donc l'effet d'une force énergique,
destituée de conscience et par conséquent de personnalité. La
connaissance de soi et la personnalité viennent après l'acte spontané et ne le précèdent pas ; elles n'en sont pas la cause ou la
condition, mais l'effet. Or, si dans l'acte réfléchi il n'y a rien
de réel qui ne se trouve déjà dans l'acte spontané, il s'ensuit que
la conscience et la personnalité sont de purs phénomènes.

« Quelle est donc cette puissance qui ne se révèle que par ses
» actes, qui se trouve et s'aperçoit dans la spontanéité, se re-
» trouve et se réfléchit dans la volonté ? Spontanés ou volontaires,
» tous les actes personnels ont cela de commun, qu'ils se rappor-
» tent immédiatement à une cause qui a son point de départ
» uniquement en elle-même, c'est-à-dire qu'ils sont libres ; telle
» est la notion propre de la liberté. » *Si la notion propre de la
liberté* ne renferme pas autre chose, elle n'exclut point la nécessité intrinsèque de celui qui agit, mais seulement la violence
extérieure. Un agent sera donc essentiellement libre, quoique
forcé par les lois de sa propre nature, lorsqu'il ne dépend pas
d'autres que de lui-même, lorsqu'il n'y aura point de violence
faite à sa faculté d'agir. Voici enfin en quoi consiste l'indéterminisme de M. Cousin. La liberté humaine, sous toutes ses formes,
et par conséquent la liberté divine, n'excluent réellement que
la violence extérieure. Lorsqu'il nous affirmera dans la suite que

l'homme est libre et qu'il se fera le défenseur du libre arbitre, nous saurons quelle est la valeur que nous devons accorder à ses paroles.

Mais il poursuit en dévoilant plus clairement sa pensée. « La » liberté ne peut être seulement la volonté, car alors la sponta- » néité ne serait pas libre ; et d'un autre côté la liberté ne peut » être seulement la spontanéité, car la volonté ne serait plus libre » à son tour. Si donc les deux phénomènes sont également libres, » ils ne peuvent l'être qu'à cette condition, qu'on retranchera à » la notion de liberté ce qui appartient exclusivement à l'un et » à l'autre des deux phénomènes, et qu'on ne lui laissera que ce » qu'ils ont de commun. Or qu'ont-ils de commun sinon d'avoir » leur point de départ en eux-mêmes et de se rapporter immé- » diatement à une cause qui est leur cause propre, et n'agit que » par sa propre énergie? La liberté étant le caractère commun » de la spontanéité et de la volonté, comprend sous elle ces » deux phénomènes ; elle doit avoir et elle a par conséquent » quelque chose de plus général qu'eux, et qui constitue leur » identité..... Parce que l'expression de libre arbitre implique » l'idée de choix, de comparaison et de réflexion, on a imposé » ces conditions à la liberté, dont le libre arbitre n'est qu'une » forme ; le libre arbitre c'est la volonté libre, c'est-à-dire la vo- » lonté ; mais la volonté est si peu adéquate à la liberté, que la » langue même lui donne l'épithète de libre, la rapportant ainsi » à quelque chose de plus général qu'elle-même. Il en faut dire » autant de la spontanéité. Dégagée de l'appareil plus ou moins » tardif de la réflexion, de la comparaison et de la délibération, » la spontanéité manifeste la liberté sous une forme plus pure, » mais elle n'est qu'une forme de la liberté, et non la liberté » tout entière : l'idée fondamentale de la liberté est celle d'une » puissance, qui, sous quelque forme qu'elle agisse, n'agit que » par une énergie qui lui est propre (1). » Qu'on distingue donc dans la liberté le réel du phénoménal. Le réel est ce qu'il y a de *commun* et *d'identique* dans les deux formes de notre activité ; le

(1) *Fragm. phil.*, tom. I, p. 68, 69, 70.

phénoménal est ce qui les distingue l'une de l'autre. La spontanéité et la réflexion sont de purs phénomènes, sauf l'élément dont elles participent toutes deux. Or cet élément consiste en ce que l'être libre *n'agit que par une énergie qui lui est propre;* ce qui veut dire que l'être libre est une véritable force qui a en elle-même et non au dehors d'elle le principe de ses actions. C'est en ceci et non ailleurs que se trouve *l'idée fondamentale de la liberté.* La faculté d'agir et de ne pas agir, de faire le contraire de ce qu'on fait, c'est-à-dire le *libre arbitre, la volonté libre* n'appartient pas à la substance de la liberté, et par conséquent ne se trouve pas dans *sa forme la plus pure,* c'est-à-dire dans l'activité spontanée. Que si elle paraît exister dans l'activité réfléchie, c'est un pur phénomène, une apparence.

Cette puissance, cette force, cette énergie, qui possède en elle le principe de ses actions, qui ne dépend dans ses opérations d'aucun moteur extrinsèque, mais qui est déterminée par les lois de sa propre nature, ne peut être autre chose, selon le panthéisme dont M. Cousin fait profession, que la substance unique, la cause substantielle, à savoir Dieu. En effet il serait contraire à ses principes qu'une autre activité réelle se trouvât dans l'univers, puisque l'idée d'activité est inséparable de l'idée de substance : l'activité est la substance cause, la substance en acte. Cette doctrine est tellement liée avec toute la suite de ce système, que nous pourrions l'attribuer à l'illustre auteur sans crainte de le calomnier; mais lui-même a pris la peine de rassurer les plus scrupuleux interprètes, en poursuivant en ces termes : « Si la
» liberté est distincte des phénomènes libres, le caractère de tout
» phénomène étant d'être plus ou moins déterminé, mais de l'être
» toujours, il suit que le caractère propre de la liberté dans son
» contraste avec les phénomènes libres est l'indétermination. La
» liberté n'est donc pas une forme de l'activité, mais l'activité
» en soi, l'activité indéterminée qui, précisément à ce titre, se
» détermine sous une forme ou sous une autre. D'où il suit encore
» que le moi ou l'activité personnelle, spontanée et réfléchie,
» ne représente que le déterminé de l'activité, mais non son
» essence. La liberté est l'idéal du moi; le moi doit y tendre sans

» cesse sans y arriver jamais; il en participe, mais il n'est point
» elle. Il est la liberté en acte, non la liberté en puissance; c'est
» une cause, mais une cause phénoménale, et non substantielle,
» relative et non absolue. Le moi absolu de Fichte est une con-
» tradiction. Il implique que rien d'absolu et de substantiel ne
» se rencontre dans quoi que ce soit de déterminé, c'est-à-dire
» de phénoménal. En fait d'activité la substance ne peut donc se
» trouver qu'en dehors et au-dessus de toute activité phénomé-
» nale, dans la puissance non encore passée à l'action, dans
» l'indéterminé capable de se déterminer par soi-même, dans la
» liberté dégagée de ses formes, qui, en la déterminant, la limi-
» tent. Nous voilà donc dans l'analyse du *moi*, arrivés encore par
» la psychologie à une nouvelle face de l'ontologie, à une activité
» substantielle, antérieure et supérieure à toute activité phéno-
» ménale, qui produit tous les phénomènes de l'activité, leur
» survit à tous, et les renouvelle tous, immortelle et inépuisable
» dans la défaillance de ses modes temporaires. Et encore, chose
» admirable, cette activité absolue affecte dans son développe-
» ment deux formes parallèles à celles de la raison, savoir la
» spontanéité et la réflexion. Ces deux moments se retrouvent
» dans une sphère comme dans l'autre, et le principe de l'une
» comme de l'autre est toujours une causalité substantielle.
» L'activité et la raison, la liberté et l'intelligence se pénètrent
» donc intimement dans l'unité de substance (1). » Pourrait-on
s'exprimer d'une manière plus claire! Après de telles paroles
que Spinosa reconnaîtrait volontiers comme siennes, direz-vous
encore, M. Cousin, que vous n'êtes point panthéiste? Que vous
n'excluez point les substances finies? Que vous considérez l'âme
humaine comme une force distincte et libre? Que vous admettez
une substance unique seulement dans le sens que vous attribuez
à Platon? Vous glorifierez-vous encore de votre indéterminisme?
Si les actes libres des hommes ne sont que des *phénomènes;* si
le caractère propre de la liberté est l'indétermination; si la liberté
est *l'activité par elle-même, l'activité indéterminée;* si cette activité

____

(1) *Fragm. phil.*, tom. I, p. 70, 71.

indéterminée *n'est pas personnelle;* si elle est *l'essence* même de l'activité ; si elle est *l'idéal de l'âme humaine,* dont *participe* l'âme seule ; si elle est *la cause substantielle et absolue;* si elle est *une activité substantielle, antérieure et supérieure à toute activité phénoménale;* si elle produit *tous les phénomènes de l'activité* phénoménale, *leur survit et les renouvelle;* si elle est *immortelle et inépuisable, tandis que ses modes temporels disparaissent;* si elle est *le principe de la spontanéité et de la réflexion, de l'activité et de la raison, de la liberté et de l'intelligence* des hommes ; si ces qualités *se pénètrent intimement dans l'unité de la substance;* si *l'âme (le moi)* est *la liberté en acte,* et *non la liberté en puissance;* si l'âme n'est qu'une *cause phénoménale,* si elle n'est que *la détermination de l'indéterminé;* si cette détermination dérive de l'activité absolue capable *de se déterminer par elle-même;* si enfin l'âme est le composé des *formes* qui *déterminent et limitent la liberté* absolue et *séparée de toute forme* et de toute détermination, comment pourrez-vous encore assurer que l'homme ait une activité qui lui est propre, et que sa liberté se distingue de celle de Dieu? Les actions de l'homme sont donc divines ; le péché comme la vertu vient de Dieu ; bien plus, le péché n'est que l'œuvre de Dieu, parce que l'homme, ne possédant aucune sorte d'activité substantielle, ne peut pas réellement concourir à produire les actions qu'il s'attribue. Quel est le fataliste qui ne se contente pas de cette doctrine? Quel panthéiste pourrait en imaginer une plus rigoureusement conforme à son propre système?

Mais, direz-vous, il résulte seulement de ceci que l'homme n'est pas libre d'une liberté propre ; il n'en résulte pas que je veuille établir un fatalisme divin, puisque je reporte à Dieu la liberté que j'ôte à l'homme ; or il s'agit ici de la liberté divine, et non de celle de l'homme ; la première est la seule que je doive mettre à couvert, pour me délivrer de l'accusation de rendre la création nécessaire et fatale. Que j'admette une telle liberté, la preuve en ressort de la définition même que j'en donne ici, puisque je mets son essence dans une *activité indéterminée,* dans *l'indétermination,* dans *l'indéterminé capable de se déterminer de lui-même.* Que dois-je dire de plus pour être un théologien indé-

terministe? Plus libéral que vous j'accorde à mon Dieu, outre
sa liberté propre, celle de l'homme, puisque je lui attribue même
le libre arbitre de ses créatures?

Si je prête ce ridicule raisonnement à M. Cousin, ce n'est pas
que je veuille inférer qu'il soit capable de le tenir; mais parce
qu'il ne pourrait argumenter plus sérieusement dans le cas où il
s'obstinerait à maintenir, après les choses qu'il a dites, la liberté
divine. C'est un fait, qu'en examinant les différents passages où
il parle des deux activités, divine et humaine, il paraît tantôt
sacrifier la liberté de Dieu à celle de l'homme, tantôt la liberté
de l'homme à celle de Dieu, à tel point qu'avec des citations
isolées il peut, comme la chauve-souris de Lafontaine, contenter
tout le monde. Mais si on rassemble les textes séparés, et qu'on
les compare aux principes de la doctrine, toute contradiction
s'évanouit, et l'on voit que le déterminisme de l'auteur ne saurait être ni plus sincère ni plus universel qu'il est. Ainsi, par
exemple, dans le passage cité la liberté divine est dite *en puissance* par rapport aux nouvelles déterminations actuelles et phénoménales dont elle se revêt successivement dans les créatures;
mais cette liberté potentielle est en elle-même *une activité substantielle, antérieure et supérieure à toute activité phénoménale, elle est
une puissance qui agit en vertu de sa propre énergie.* L'indétermination, assignée à cette puissance, regarde seulement les formes
nouvelles qu'elle prend dans la succession du temps, les nouvelles apparitions phénoménales sous lesquelles elle se montre,
les nouvelles personnalités apparentes dans lesquelles elle s'in-
carne et se produit dans le monde. Mais, comme d'un côté elle
est essentiellement créatrice, essentiellement cause, bien qu'elle
se détermine d'elle-même, elle ne pourrait pas ne pas se déterminer, et ses déterminations sont nécessitées par sa propre nature; d'un autre côté, la création étant éternelle, l'indétermination
est seulement relative, et regarde les nouveaux phénomènes qui
devront successivement se produire, non ceux qui se produisent
dans le moment ou l'ont été dans un temps antérieur et infini.
Que si l'on prend ces phénomènes tous en masse, ils présuppo-
sent dans l'activité productrice une détermination absolue,

intrinsèque à son essence. Si le lecteur se rappelle les différents passages que j'ai cités, dans lesquels M. Cousin considère Dieu comme substance unique et comme cause, il ne pourra douter que telle ne soit la pensée du philosophe français, et que la seule liberté qu'il accorde à l'Être absolu ne soit celle d'obéir nécessairement aux lois de sa propre nature, ce en quoi selon lui consiste précisément l'essence de la liberté.

Nous venons de déterminer l'idée que l'auteur se fait de la liberté divine, à l'aide de celle qu'il a de la liberté humaine; reprenons maintenant la suite de sa justification. « Conçoit-on » en effet, » dit-il, « qu'il (Dieu) ait pu prendre ce que nous » appellerons le mauvais parti? Cette supposition seule est impie. » Il faut donc admettre que, quand il a pris le parti contraire, » il a agi librement, sans doute, mais non pas arbitrairement, » et avec la conscience d'avoir pu choisir l'autre parti. » Si Dieu avait rejeté *librement* le mauvais parti, il est faux qu'il *n'eût pas eu la conscience d'avoir pu le choisir;* puisque la liberté et la puissance de vouloir le contraire sont inséparables dans le sens ordinaire du mot liberté. Mais la liberté de Dieu ne consiste pas *à prendre* ou à pouvoir prendre *le mauvais parti*, ni à l'éviter ; mais bien à choisir dans le nombre infini des bons partis possibles. « Sa nature toute puissante, toute juste, toute sage, s'est déve- » loppée avec cette spontanéité qui contient la liberté tout entière, » et exclut à la fois les efforts et les misères de la volonté et » l'opération mécanique de la nécessité. » Que veut dire cette dernière phrase? Si par *opération mécanique de la nécessité* l'auteur entend la dépendance nécessaire de sa propre nature, nous avons vu que la spontanéité, selon lui, loin de *l'exclure,* la présuppose. «Tel est le principe et le vrai caractère de l'action divine. » Otez le principe ; prenez l'action en elle-même, pour ainsi dire » dans son mode extérieur ; vous avez ce qu'on appelle l'action » de la nature dans sa régularité puissante , c'est-à-dire la fatalité. » La nature est l'image de Dieu; le *fatum* est la Providence elle- » même rendue visible, devant laquelle il faut s'incliner encore, » mais en la rapportant en esprit et en vérité à son principe, à » cette source ineffable où les perfections divines se confondent

» dans cette unité merveilleuse, que la science humaine n'aborde
» guère que pour la décomposer à son usage, et la soumettre
» ainsi à la diversité des points de vue et aux contradictions des
» théologiens et des philosophes. *O altitudo !* (1) » Que la nature
soit fatale à notre égard, pour autant que nous ne pouvons altérer la plus petite de ses lois, c'est une chose indubitable mais
peut-être trop triviale pour en faire la remarque ; puisque au
fond cela veut dire que l'homme, étant comme être organisé une
petite parcelle du monde sensible, ne peut rien contre l'ordre
qui régit le tout. Mais l'assertion de notre auteur en dit bien plus,
et conformément à ses prémisses, elle signifie que la nature est
fatale non-seulement à notre égard, mais en elle-même. En effet
examinons comment M. Cousin procède : La nature est la variété
phénoménale dans laquelle se développe l'unité absolue en vertu
de sa propre essence. L'action par laquelle l'unité engendre la
variété est aussi nécessaire que l'unité même ; et cette unité
n'existerait pas véritablement, ni ne pourrait exister, si elle
n'était pas cause, et si elle ne se manifestait pas au-dehors par
la création. L'unité produit la variété par un acte spontané qui
précède l'intelligence ; celle-ci est l'effet d'un tel acte éternel, et
par conséquent l'accompagne nécessairement. L'unité produisant
la variété par une impulsion spontanée mais nécessaire de sa
propre nature, et en ayant la conscience, c'est la Providence.
Que si au moyen de l'abstraction on considère la variété en elle-
même, séparément de l'unité qui la produit et de l'intelligence
absolue qui la contemple, elle prend le nom de Destin. Quelle
différence y a-t-il donc, selon notre philosophe, entre le destin et
la Providence ? La Providence c'est la nature en rapport avec
l'intelligence de l'unité qui produit ; le destin c'est la nature
séparée, par abstraction, de l'esprit qui la produit. La nécessité
est commune à tous les deux, mais intelligente dans la Providence, aveugle dans le destin. On voit donc que, si par *destin*
on entend, suivant le langage commun, une simple *nécessité*, l'épithète *fatale* convient selon l'illustre auteur à la Nature en elle-

(1) *Fragm. phil.*, tom. I, p. xxvi, xxvii.

même et à la Providence. Ainsi, quand il nous dit que *la nature est l'image de Dieu* et que *le destin est la Providence même rendue sensible*, ces locutions ne doivent point s'entendre d'une manière large, mais strictement et à la lettre. Les dernières paroles qui terminent la défense de l'auteur, et son sentiment sur les *divers rapports* et sur *les contradictions des philosophes et des théologiens* qui se disputent réciproquement *l'unité* absolue, pour avoir le plaisir *de la décomposer à leur propre usage*, font une allusion peu sérieuse au rationalisme théologique dont nous parlerons plus tard. Il eût été à désirer que l'auteur se fût abstenu de corroborer son allusion par la citation d'un texte de saint Paul, citation tout à fait hors de propos et suffisante pour confondre le rationalisme, vu que, si ce système était vrai, il n'y aurait pas lieu de s'écrier avec l'Apôtre : *O altitudo!*

Les preuves, que j'ai alléguées jusqu'ici du panthéisme de M. Cousin, sont directes, puisque je les ai tirées des passages qui expriment les points fondamentaux de son système. Je pourrais ajouter des preuves indirectes, en examinant les différentes parties des doctrines philosophiques de l'auteur, et en faisant voir comment plusieurs d'entr'elles se rapportent à l'ontologie panthéistique, s'expliquent par elle et confirment mon exposition; mais cela me mènerait trop loin et serait superflu. La critique que je viens de faire, suffit pour montrer et établir indubitablement quelle est la doctrine de notre auteur; ses lecteurs pourront facilement compléter eux-mêmes ce travail. Seulement avant de finir ce chapitre, je ne crois pas inutile de faire observer, qu'il se trouve dans les œuvres de M. Cousin beaucoup de passages qui pris séparément peuvent avoir un sens orthodoxe, mais qui, comparés avec les principes de l'ouvrage, sont panthéistiques. Que le lecteur fasse bien attention à cet avertissement, de peur qu'il ne vienne à être induit en erreur. Voici au reste un passage qui peut servir d'exemple. « Tout homme, s'il se sait, » sait tout le reste, la nature et Dieu en même temps que lui-» même. Tout homme croit à son existence, donc tout homme » croit au monde et à Dieu; tout homme pense, donc tout homme » pense Dieu, si l'on peut s'exprimer ainsi; toute proposition

» humaine, réfléchissant la conscience, réfléchit l'idée de l'unité
» et de l'être, essentielle à la conscience : donc toute proposition
» humaine renferme Dieu ; tout homme qui parle, parle de Dieu,
» et toute parole est un acte de foi et un hymne. L'athéisme est
» une formule vide, une négation sans réalité, une abstraction
» de l'esprit qui se détruit elle-même en s'affirmant, car toute
» affirmation, même négative, est un jugement qui renferme
» l'idée d'être et par conséquent Dieu tout entier (1). » .....
« Dans le point de vue actuel de l'esprit humain, par la force de
» l'abstraction, nous pouvons séparer l'idée et l'être ; mais dans
» le point de vue primitif, l'idée et l'être ne sont pas désunis.
» Pour savoir si quelqu'un croit en Dieu, je lui demanderai s'il
» croit à la vérité. D'où il suit qu'il n'y a point d'athée, que la
» théologie naturelle n'est que l'ontologie, et que l'ontologie
» elle-même est donnée dans la psychologie. La vraie religion
» n'est que ce mot ajouté à l'idée de la vérité : *elle est* (2). Soit
» qu'on monte de la nature et de l'homme à la vérité, et de la
» vérité à Dieu, soit qu'on redescende de Dieu à la vérité, et de
» la vérité à l'homme et à la nature, partout Dieu se rencontre :
» il suffit donc de reconnaître une seule de ces choses pour re-
» connaître Dieu. Il n'existe pas d'athée (3). » Ces considérations
peuvent avoir un sens vrai, profond même, beau, magnifique
et digne d'un philosophe. La toute-puissance et l'universalité de
l'idée de Dieu est une vérité qui a été et qui est trop souvent
oubliée par ceux qui se mêlent de philosopher. La notion de l'Être,
non pas de l'être abstrait, mais de l'Être concret et absolu, selon
l'idée de saint Bonaventure et de Malebranche, est toujours pré-
sente à notre esprit, y fait luire cette lumière intellectuelle qui
éclaire toutes les choses d'une manière spirituelle, et produit leur
vie mentale. Sous ce rapport, non-seulement la philosophie, mais
la science universelle est la science de Dieu ; et de même que
la nature divine est immense dans le cercle de l'existence, de

(1) *Fragm. phil.*, tom. 1, p. 77. V. aussi p. 316, 317, *et Introd. à l'hist.
de la phil.*, leçon 6.
(2) *Cours de phil. de* 1818, *publié par Garnier*, leçon 38.
(3) *Cours de phil., de* 1818, leçon 14.

même l'idée divine est immense dans l'ordre de la science. Ces idées sont vraies, nobles, capables de ravir et de passionner les esprits élevés ; mais pour ne point dégénérer en panthéisme, il faut qu'elles soient fondées sur les vrais principes, dont le premier et le plus important est la distinction de l'Être d'avec l'existence. Or notre auteur, comme tous les panthéistes, confond expressément l'idée de *être* avec celle de *substance* (1) et avec celle d'*existence* (2) ; de là vient que, lorsqu'il appelle Dieu *l'être de tout être*, ou *l'être des êtres* (3), sa phrase a une signification tout opposée à celle qu'elle paraît avoir. L'apparence de platonisme, qu'ont les passages cités et d'autres semblables, ne peut néanmoins tromper quiconque fait attention à l'ensemble et remonte aux principes de l'auteur. Ce qui est sublime, parce que c'est vrai dans le sens du théisme, devient dans le sens du panthéisme faux et trivial ; en effet qu'y a-t-il de moins ingénieux que de dire que l'athéisme est impossible, que toute pensée, toute parole humaine renferme l'affirmation de Dieu, si sous le nom de Dieu l'on entend tout l'univers comme une forme phénoménale de la substance unique ? Néanmoins M. Cousin prend quelquefois soin lui-même de parler de manière que les lecteurs les moins adroits ne se trompent pas sur sa doctrine. Par exemple dans le dernier des passages allégués, il continue dans ces termes : « Celui qui aurait étudié toutes les lois de la physique et
» de la chimie, lors même qu'il ne résumerait pas son savoir
» sous la dénomination de vérité divine ou de Dieu, celui-là
» serait cependant plus religieux, ou si vous voulez, en saurait
» plus sur Dieu qu'un autre, qui après avoir parcouru deux ou
» trois principes, soit celui de la raison suffisante, ou le principe
» de causalité, en aurait sur le champ formé un total qu'il aurait
» appelé Dieu. Il ne s'agit point d'adorer un nom, Θεός, Ζεὺς, *Deus*,
» Dieu, etc., mais de renfermer sous ce titre le plus de vérités
» possibles, puisque c'est la vérité qui est la manifestation de
» Dieu. Étudiez la nature, que la philosophie est trop portée à

(1) *Fragm. phil*, tom. I, p. 307, *seq. et al. pas.*
(2) *Ibid.*, p. 63, 75.
(3) *Ibid.*, p. 15, 78.

» dédaigner, ne vous arrêtez pas à ce qu'elle contient de varia-
» ble, car il n'y a pas de science de ce qui passe ; mais élevez-vous
» aux lois qui régissent la nature et qui font d'elle une vérité
» vivante, une vérité devenue active, sensible, en un mot, Dieu
» dans la matière ; approfondissez donc la nature : plus vous vous
» pénétrerez de ses lois, plus vous approcherez de l'esprit divin
» qui l'anime (1). » Comment? Platon, S. Augustin, S. Anselme,
S. Thomas en sauraient moins sur Dieu et seraient moins religieux qu'un savant matérialiste de nos jours, parce qu'aux temps
où ils vivaient on savait peu de chimie et de physique? Si Dieu
est dans tout ce qui peut être su, et partout présent aux esprits
comme vérité, la vérité ne consiste donc point dans les phénomènes sensibles, dans les réalités contingentes, mais bien dans
les idées absolues; et celles-là ne peuvent s'appeler vraies que pour
autant qu'elles participent de celles-ci. M. Cousin, qui veut bien
nous accorder qu'il n'y a pas de science de ce qui passe, ne s'est
pas aperçu que les lois de la nature les plus générales et les plus
constantes sont seulement transitoires et n'ont par elles-mêmes
rien de commun avec les vérités éternelles et immuables. Fasciné
par le faux éclat du panthéisme allemand qui déifie la nature, il
ne lui répugne point de considérer la nature même comme étant
Dieu rendu sensible et vivant, comme *Dieu dans la matière;*
paroles qui, prises à la lettre suivant l'usage des panthéistes
modernes, suffiraient pour nous faire rougir de cette nouvelle
philosophie.

____

(1) *Cours de phil. de* 1818, *publié par Garnier,* leçon 14.